Ricardo E. Facci

Crescer a dois

Itinerários para o diálogo
e a felicidade conjugal

Paulinas

Dados Internacionais de Catalogação na Publicação (CIP)
(Câmara Brasileira do Livro, SP, Brasil)

Facci, Ricardo E.
  Crescer a dois : itinerários para o diálogo e a felicidade conjugal / Ricardo E. Facci ; [tradução Alda da Anunciação Machado]. – 8. ed. – São Paulo : Paulinas, 2011. – (Coleção espiritualidade familiar)

  Título original: Corazones fecundos.
  ISBN 978-85-356-2876-0

  1. Casais - Vida religiosa 2. Casamento - Aspectos religiosos 3. Família - Aspectos religiosos I. Título. II. Série.

11-09118   CDD-248.844

Índice para catálogo sistemático:

1. Casais : Reflexões : Vida cristã : Cristianismo   248.844

8ª edição – 2011
6ª reimpressão – 2022

Título original da obra: *Corazones fecundos*
© Publicaciones Paulinas, S. A. de C.V. México, 1996.

Direção-geral: *Flávia Reginatto*
Editora responsável: *Luzia M. de Oliveira Sena*
Assistente de edição: *Andréia Schweitzer*
Tradução: *Alda da Anunciação Machado*
Revisão: *Leonilda Menossi e Ruth Mitzuie Kluska*
Direção de arte: *Irma Cipriani*
Gerente de produção: *Felício Calegaro Neto*
Capa: *Manuel Rebelato Miramontes*
Editoração eletrônica: *Wilson Teodoro Garcia*

Nenhuma parte desta obra poderá ser reproduzida ou transmitida por qualquer forma e/ou quaisquer meios (eletrônico ou mecânico, incluindo fotocópia e gravação) ou arquivada em qualquer sistema ou banco de dados sem permissão escrita da Editora. Direitos reservados.

Paulinas
Rua Dona Inácia Uchoa, 62
04110-020 – São Paulo – SP (Brasil)
Tel.: (11) 2125-3500
http://www.paulinas.com.br – editora@paulinas.com.br
Telemarketing e SAC: 0800-7010081

© Pia Sociedade Filhas de São Paulo – São Paulo, 2001

Aos casais, membros do Movimento
Hogares Nuevos (Novos Lares), os quais,
por meio de suas vidas, ensinam-me a cada dia
a riqueza do matrimônio e da família, animando-me,
permanentemente, a entregar-me mais e mais
à obra evangelizadora da Igreja doméstica.

Prólogo

Queridos amigos:

Quando publiquei o livro *Construyendo el amor conyugal* [Construindo o amor conjugal], não imaginei que ele iria alcançar tamanha repercussão e tantas reimpressões. Trata-se, provavelmente, de uma conseqüência advinda do fato de eu ter atingido o objetivo: colocar nas mãos do leitor material acessível, ameno e simples, para refletir sobre o amor e a vida conjugal. Os leitores e os grupos de casais insistem, há algum tempo, para que eu continue oferecendo este tipo de material.

O testemunho de muitos casais que comentam a utilização do livro, assim como seus frutos, também me animou a dar continuidade a esse trabalho. É o caso de Mabel e Tomás, que me entregaram seu depoimento por escrito, o qual partilho com vocês:

Tomás: Porque um dia me senti só...

Mabel: Porque um dia pensei que podia, sozinha...

Tomás: Porque um dia acreditei que éramos dois e, na realidade, estava só...

Mabel: Porque um dia senti que já não éramos um só, há cerca de... quanto tempo?

Tomás: Porque um dia acreditei que não precisava de ninguém, nem sequer de Deus...

Mabel: Porque um dia, necessitando de alguém, Deus me falou por intermédio das palavras de uma amiga...

Tomás: Quando acreditei que tudo estava se arruinando e que minha vida já não tinha nada para me dar... nesse dia olhei em seu rosto e deparei com uma estranha...

Mabel: No vazio do abismo, à beira da queda total, no fundo de seus olhos, Deus acendeu uma chama e removeu as cinzas de meu coração...

Tomás: Em meio a isso tudo, "alguém", que eu nem sequer tinha como amigo, pôs em minhas mãos o livro *Construyendo el amor conjugal*. Aproximamo-nos dele com a alma ferida. Ela ansiosa, eu com receio. De mãos dadas, no decorrer dessas noites, fomos saindo do abismo, curando nossas feridas e reconstruindo o diálogo e a harmonia perdida.

Todas essas razões me motivaram a elaborar *Crescer a dois*, que pretende ajudar o casal no seu crescimento humano-espiritual, a fim de que seus corações, cheios de amor, sejam férteis em frutos de felicidade. As três partes que compõem o livro resumem-se numa frase: "Nós nos amamos em Jesus". A primeira parte pretende oferecer ao casal a oportunidade de centrar-se em si, analisando até que ponto supera o "eu", para dar lugar ao "nós". "Nós nos amamos" corresponde à segunda parte, que tem por objetivo guiar no aprofundamento, no conhecimento e no crescimento do amor matrimonial. A terceira parte, ou seja, "Em Jesus", quer salientar a realidade de que Jesus está presente no casamento cristão e é a base da vivência do amor.

O objetivo deste livro é oferecer um material já trabalhado por muitos, ao alcance dos casais, a fim de que estes possam dialogar sobre as coisas essenciais da vida que estão construindo, utilizando temas que lhes permitam enfrentar o cotidiano com realismo e simplicidade. Desejo, igualmente, que estas páginas auxiliem também os noivos que se preparam para viver a vocação matrimonial.

Todos os temas seguem o mesmo esquema. O ideal é que o casal os leia e aproveite para dialogar e orar. Os temas podem também ser trabalhados em grupos de casais, respeitando sempre a intimidade dos integrantes.

Queira Deus abençoar estas páginas, assim como aqueles que delas se achegarem para renovar o viço do amor matrimonial.

Ricardo Enrique Facci

Primeira parte

Nós...

Eu + Você = Nós

*Disse Jesus: "Que todos sejam um, como tu, Pai,
estás em mim e eu em ti.
Que todos sejam um, como nós somos um,
para que sejam perfeitos na unidade".*

(cf. Jo 17,21-23)

"Que todos sejam um, como tu, Pai, estás em mim e eu em ti." Duas vidas chamadas a ser um único nós: "A sua e a minha". Duas vidas como dois riachos, cada qual com sua própria água e sua própria corrente. Quando dois rios se unem, cada um deles leva sua própria água, corrente, cor, temperatura; no começo do novo rio, ainda é possível observar as diferenças entre as águas. À medida que avançamos em seu curso, constatamos já uma nova realidade, criada pela unidade. No casamento ocorre o mesmo: no princípio, "eu" e "você"; todavia, ao nos inteirarmos da história do casal, descobrimos que ambos fundiram-se no "nós".

Essa construção do "nós" teve início como qualquer outra; foi marcada, porém, por elementos muito distintos... Viram-se, encontraram-se e verificaram que não eram estranhos. Sentiram existir entre eles um não sei quê de idêntico e ao mesmo tempo distinto que os atraía... É o que denominamos amor... Ou ainda: a comum vocação para formar um casal.

Foi uma coincidência? Muitos acreditam que sim. Entretanto, na realidade, o que houve não foi uma casualidade nem destino, mas Deus uniu essas mãos, colocando-as entre as suas e tecendo a história de ambas as vidas. Até então, eram duas histórias separadas, mas, a partir daí, já não são duas histórias nem dois riachos errantes, porém uma única história, a história inédita do "nós". É a história de vocês e, também, a história de Deus por intermédio da de vocês. Uma história que não mais pode ser vivida individualmente, seguindo cada um seu caminho, nem dos dois sozinhos, e sim a do casal, juntamente com ele.

O que um dia pareceu uma brincadeira de crianças transformou-se rapidamente num compromisso e numa realidade. Um mundo novo a ser criado, uma felicidade que era preciso ser construída, duas vidas que deviam transformar-se numa só. Talvez ressoasse em ambos aquela canção do grupo *Mocedades*, e recitassem um para o outro:

> "Tu és qual promessa, tu és;
> Como manhã de verão;
> Como um sorriso és tu,
> Tu és assim, assim tu és.
> Minha esperança és tu, és tu;
> Como chuva fresca em minhas mãos;
> Como brisa forte tu és.
> Tu és como a água de minha fonte,
> Tu és como o fogo de minha lareira.
> Tu és algo assim,
> Algo assim, como o fogo de minha fogueira,
> Tu és algo assim, minha vida, tu és algo assim.
> Tu és como meu poema, tu és;
> Como meu violão na noite;
> Todo meu horizonte és tu,
> Tu és assim, assim és tu".

Faz tempo que a vida desses dois seres, juntamente com a do Senhor, vão tecendo a história conjugal. Ele os acompanha para animá-los e ajudá-los permanentemente a crescer em plenitude e na unidade. É preciso, porém, indagar-se como crescer nessa unidade, que não significa simplesmente não estar separados, mas tornar-se um só ser.

Continuam sendo promessa, ao construírem a felicidade? São manhã de verão ou de outono? O frio e os dias nublados tomaram conta deles? Continuam sendo sorriso, ou existe apenas uma amarga seriedade entre os dois? São esperança ou já nada mais esperam um do outro? São chuva fresca ou uma torrente de mau humor e egoísmo? São forte brisa um para o outro, ou temporal que produz solidão? São fonte de água ou têm sede e buscam outras "águas" alheias ao casamento? Existe fogo em seu lar ou somente frieza? Continuam sendo violões de alegria, ainda que haja noites de dor, ou o amor não canta mais em suas vidas? Continuam sendo horizontes um para o outro ou buscam novos horizontes?

Para o casal dialogar

1. Que experiências matrimoniais nos mostram quem somos "nós"?
2. Quais aspectos de nossas vidas ainda devem ser polidos, para que deixem de pertencer ao "eu" ou ao "você" e comecem a ser "nós"?
3. Dialogar sobre as perguntas inseridas no texto.

Para orar juntos

Senhor Jesus,
queremos ser um
como a realidade que vives com o Pai.

Sabemos, porém, que não é fácil
polir tudo o que ainda não nos permite
uma unidade perfeita.

Tua graça, Senhor,
continuará nos ajudando a crescer,
como até hoje,
no empreendimento tão grandioso
que nos propusemos: ser um.
Acompanha-nos, para que jamais deixemos
de ser um para o outro
promessa, manhã de verão, sorriso, esperança,
chuva fresca, brisa forte, fonte de água,
fogo da lareira,
violão de alegria, horizonte...
Que sejamos sempre um...
entre nós e contigo.

Amém.

Ser um só

Por isso, um homem deixa seu pai e sua mãe,
e se une à sua mulher,
e eles dois se tornam uma só carne.

(Gn 2,24)

Casaram-se apaixonadíssimos. A festa de núpcias foi muito linda. Diante do altar, juraram um ao outro amor eterno. Quatro anos depois, separaram-se. O que aconteceu? Casaram-se com o firme propósito de ser um só... Todavia, com o decorrer do tempo, descobriram que eram "dois solteiros casados"... Tal fato é bastante comum em muitos casamentos, em qualquer lugar do planeta...

Diariamente, muitas pessoas acusam o cônjuge de falta de compreensão, de incompatibilidade ou de diferenças insuperáveis; a seguir, contratam um advogado para efetuar a separação de bens, determinar a quem cabe a guarda dos filhos... e cada qual vai para seu lado... Pois bem, por que se separam os casais? Qual a raiz mais profunda da separação ou do divórcio?

A raiz é constituída por um sutil, invisível, porém dinâmico processo de desintegração que se desenvolve no íntimo de cada um dos cônjuges (na mente, no coração e na vontade). Em razão disso, podemos denominar tal fenômeno de separação de corações.

A separação definitiva jamais passa pela cabeça de muitos casais que, entretanto, vivem em sua relação uma separação de corações, que faz com que seu casamento não seja plenamente feliz, que não formem um único ser.

O que vem a ser a "separação de corações"? Trata-se de um fenômeno sutil, de uma constante, progressiva e crescente falta de intimidade entre os parceiros. É uma separação mental e emocional. Um homem e uma mulher vivendo sob o mesmo teto, conduzindo, porém, vidas separadas, relacionando-se como estranhos. Correm por linhas paralelas, sem jamais se reunirem. Um não se interessa pelo outro, permanecendo cada qual submerso em seu mundo. Desse modo, um esposo pode "ligar-se" plenamente a seu trabalho, dedicar-se a seus esportes, seus amigos; e uma esposa pode absorver suas energias com um *hobby*, as amigas, os filhos. Realizam muitas tarefas, que podem até ser muito meritórias, porém separadamente.

A separação de um casal, o divórcio, é algo que se vê, que se pode palpar, um fato do qual ninguém duvida. O mesmo não ocorre na "separação de corações", que não é visível nem palpável, e muitas vezes passa inadvertida até mesmo pelo próprio casal. Nem sequer o suspeitam. *Atenção!* A "separação de corações" começa sutilmente. Acontece e se desenvolve até mesmo nos melhores casamentos e entre aqueles considerados perfeitos e firmes.

Todo o complexo individual — a mentalidade, os sentimentos, as atitudes e as condutas — é terreno propício para a separação de corações. É uma verdadeira enfermidade do amor matrimonial. Por essa razão, é importante identificar os sintomas da "separação de corações". Tais sintomas concretizam-se na tristeza que paralisa o casamento, exteriorizam-se num tratamento frio, com ausência marcante de manifestações de carinho. Essa "separação de corações" se revela quando os problemas do outro não causam preocupação e os detalhes entre os dois não são levados em conta. Ao contrário, tornam-se abundantes as brigas, os gritos, o mau humor, a falta de alegria, a rotina na relação sexual, a crítica ao cônjuge perante terceiros. Em um casamento em que se instala a "separação de corações" não se planeja a vida a dois, e muito menos se dialoga, acarretando sentimentos de insegurança, ciúmes, desconfiança, solidão, aborrecimento. Tem início a perda da ilusão matrimonial, o fechamento num profundo individualismo, o dar-se importância a outras coisas (trabalho, dinheiro etc.) mais que ao cônjuge e aos filhos, e a tendência para manter mais amizades com outros do que dentro do próprio casamento, chegando-se, em muitos casos, à infidelidade.

Pois bem, tal como em medicina não é suficiente conhecer os sintomas, no casamento é necessário encontrar a verdadeira causa da "separação de corações".

Conforme nos dita a experiência, confirmada também pelos especialistas em vida e comunicação matrimonial, a causa principal é a falta de diálogo, entendimento e compreensão.

Por esse motivo, para prevenir ou curar o estado de "separação de corações", cada cônjuge deve realizar um verdadeiro esforço para colocar-se no lugar do outro, a fim de entendê-lo, aceitá-lo e oferecer-lhe sua compreensão.

A propósito, Alice e José comentam: "Em nossa relação, ocorre a separação de corações quando um dos dois não se esforça por ouvir o que o outro lhe está comunicando". Alice acrescenta: "Isso é o que costumo fazer muitas vezes com José. Tenho de ouvi-lo mais e melhor, a fim de conhecê-lo e aceitá-lo tal como é na realidade".

Maria Angélica assim dizia a Luís: "Parece-me que expressões como: 'minha casa', 'meus filhos', 'meus planos', 'meus interesses', 'meus problemas' fazem crescer entre nós o individualismo e, conseqüentemente, a separação de corações. Vou começar a dizer: 'nossos filhos', 'nossos planos', 'nossos interesses', 'nossos problemas'".

E Luís, por sua vez, afirmava: "Eu contribuo para a nossa separação de corações quando não sei o que você pensa ou sente, vejo que sofre e não faço o possível para conseguir, o quanto antes, uma comunicação profunda e amorosa entre nós dois".

O "serão um só" é um verdadeiro desafio matrimonial. É todo um processo de comunicação que passa pela compreensão, que se consegue ouvindo e compartilhando.

Para o casal dialogar

1. Vivemos como um casal que se ama ou existe ainda entre nós algo de "solteiros casados"?
2. Existe entre nós "separação de corações"? Que sintomas descobrimos hoje?
3. Por que existem casamentos considerados "perfeitos e firmes" e os casais não descobrem que há áreas em que ainda devem crescer?
4. Voltando-nos para nós mesmos: quem dos dois é mais responsável pelos sintomas que existem em nosso casamento?
5. Que propostas podemos formular para superar-nos?

Para orar juntos

Senhor Jesus,
sabemos que estamos unidos
e que tu nos dás a graça
para crescermos na unidade.
Pedimos-te, por isso, que não deixes de ajudar-nos,
já que necessitamos polir ainda
algumas asperezas,
e que nos permitas a unidade plena.

Descobrimos alguns sintomas
de separação de corações,
e desejamos superá-los,
porque precisamente eles
nos informam que nossos corações
não são plenamente um,
porém nosso objetivo é a unidade total.
Ajuda-nos, Senhor, a crescer
na saúde do amor matrimonial.

Amém.

Conhecer as necessidades do próprio casamento

Portanto, consolem-se mutuamente e ajudem-se uns aos outros a crescer, como aliás vocês já estão fazendo.

(1Ts 5,11)

Cada um dos cônjuges tem necessidades concretas. É importante que a outra parte as conheça para, na medida do possível, satisfazê-las. Por outro lado, surgem necessidades comuns do casamento como tal, ao procurar crescer juntos.

De acordo com minha experiência de vida a serviço dos casais, acredito que a necessidade básica por excelência, reclamada pela maioria, é a de constituir "um só". Esse é o sonho mais sublime de todo esposo e de toda esposa. Pois bem, esse desejo de unidade plena expressa-se por elementos que implicam a unidade reclamada: comunicação e intimidade. Ademais, como a unidade não significa fechar-se em si mesmo, existe a necessidade de abertura e espiritualidade.

Ser "um só"

Liliana assim se expressava: "Tenho a impressão de que nossas necessidades matrimoniais estão sendo bem atendidas. Nós nos complementamos razoavelmente bem, em vez de competir, como fazíamos antes. Sentimo-nos bem com o que possuímos, em vez de chorar pelo que ainda nos falta. Você está me ajudando a descobrir o que há de bom em mim, dando-me ânimo para superar o que é negativo. Obrigada por ser meu, sinto-me orgulhosa de você".

Dizíamos, antes, que a unidade é um dos ideais mais sublimes de um esposo ou de uma esposa em relação a seu casamento. Devemos esclarecer, porém, que existem diversos tipos e etapas da unidade.

Quanto a estes últimos, sabemos que a unidade não é algo estático, oposto ou desunião. Mas, através de diversas etapas, existe a possibilidade de crescer na unidade, fazer com que esta se afaste cada vez mais da desunião. Assim sendo, a unidade não é um mero sentimento, porém algo muito mais profundo, que implica um trabalho sério que destrua (sem perder as individualidades) os "eu" e construa o "nós".

Quanto ao fato de que a unidade não equivale à perda da individualidade e da personalidade de cada um, é necessário observarem-se dois tipos possíveis de unidade: um verdadeiro e outro falso.

A unidade falsa é a que muitos confundem com uniformidade. Apresenta-se como a imagem de uma mesma sinfonia, que, entretanto, não é, pois nenhuma sinfonia é composta de uma única nota musical, repetida durante toda a obra. Quando alguém observa a partitura de uma peça musical, logo descobre que é composta de uma grande variedade de notas. Na verdade, a verdadeira e genuína unidade é compatível com as diferenças e sempre se realiza por intermédio da variedade. De outro modo, o que se consegue é pura unicidade ou domínio de um sobre o outro.

A verdadeira unidade somente é alcançada por aqueles que, com honestidade, compartilham e caminham juntos numa mesma direção: tendo uma única mente e um só coração, uma única vontade e uma só alma. Pois bem, na prática, como satisfazer essa necessidade de unidade?

Para que possa ser uma realidade sólida, a unidade exige uma comunicação profunda que, por sua vez, abra as portas para uma grande intimidade.

Comunicação

Jorge comentava: "A maior necessidade em nosso casamento é nossa confiança e nossa comunicação mútuas. Abrirmo-nos um para o outro, a fim de compartilharmos todos os nossos sentimentos, nossas dores e alegrias, nossos medos e nossas fraquezas. Somente assim poderemos compreender e ajudar um ao outro".

Sem comunicação, sem um diálogo profundo, é impossível que os companheiros sejam felizes em seu casamento. A comunicação entre ambos é o caminho concreto para crescer e amadurecer no amor. Todavia, para que essa comunicação seja efetiva, é preciso que se dedique tempo ao diálogo conjugal. Faz-se necessário jamais esquecer que as pessoas são mais importantes que as coisas. Não esquecer também que o maior inimigo da comunicação é o individualismo.

Intimidade

É o fruto natural de um relacionamento conjugal maduro. Eis por que Liliana assim dizia: "Nossa intimidade amorosa cresce na proporção do tempo que dedicamos um ao outro, das coisas que fazemos juntos, de nossa comunicação freqüente e crescente, e de nossa oração". A intimidade constitui uma necessidade muito forte do homem e da mulher casados. Passado algum tempo em que compartilham casa, mesa e cama, os cônjuges anseiam por uma maior intimidade.

Em muitas ocasiões, constatamos uma espécie de medo dessa intimidade, o que é um atentado à unidade. Medo de perder a própria individualidade e de que o cônjuge tome conhecimento de suas imperfeições, limitações e fraquezas. É lamentável que se criem habitualmente truques para evitar essa intimidade. Todavia, quando conseguem superar o medo, descobrem com alegria que ambos anseiam e necessitam de uma relação conjugal mais íntima.

A unidade precisa expressar-se, razão pela qual faz-se necessária uma abertura. A unidade sem abertura não é verdadeira. Unir-se, para abrir-se. O fechar-se, cedo ou tarde, acaba por corromper-se. O casamento deve abrir-se por meio de sua missão concreta, na sociedade e na Igreja. Deve abrir-se a sua obra mestra, que são os filhos, procurando, igualmente, auxiliar todos os que, de um modo ou de outro, baterem à porta da casa. O casamento em que há união verdadeira está sempre aberto à vida e ao amor.

Além disso, os casais que desejam construir a unidade necessitam, imperiosamente, de uma espiritualidade. Em nossa sociedade materialista e consumista, a maior parte, seja dos homens, seja das mulheres, não tem muito interesse pela espiritualidade. Carolina e José declaravam: "Quer admitamos quer não, nossa necessidade mais importante e básica é nossa relação com Deus".

Na realidade, vivemos tão preocupados e absortos com as coisas materiais, que chegamos até mesmo a perder o sentido da vida humana. A espiritualidade constitui a dimensão esquecida e perdida e, de fato, muitos casamentos morrem por falta de espiritualidade. Sem ela, não existe a possibilidade de que as outras necessidades inerentes ao casamento sejam plenamente satisfeitas. Sem espiritualidade conjugal, o casamento se desintegra. Por essa razão, "animem-se mutuamente e ajudem-se a crescer juntos".

Para o casal dialogar

1. Quais as necessidades descobertas em nosso casamento?
2. De que modo trabalhamos para crescer no "ser um só"?
3. Quais são os sinais mais claros de nossa unidade?
4. Que grau de intimidade conseguimos atingir em nosso casamento?
5. Cultivamos nossa espiritualidade matrimonial ou esta é, para nós, uma dimensão esquecida e perdida?

Para orar juntos

Senhor Jesus,
sentimos que a necessidade básica
do nosso casamento é a unidade.
Por isso, pedimos-te que nos ajudes a crescer nela,
para haver entre nós maior comunicação,
que se torne o mais profunda possível;
queremos, ainda, que essa unidade de nossos corações
se manifeste em uma atitude de abertura aos demais,
especialmente para com nossos filhos
e para com aqueles que mais precisam de nossa ajuda.
Ademais, para que essa unidade seja sólida,
e já que estás em nosso meio,
ajuda-nos a viver uma fértil espiritualidade.

Amém.

A busca da felicidade

Seja bendita a sua fonte,
alegre-se com a esposa de sua juventude.

(Pr 5,18)

Em um casamento, não existe melhor desejo que o de sua felicidade. Em última análise, é o que todos anseiam. Toda a nossa vida é uma busca de felicidade, pois há dentro de nós uma sede insaciável de felicidade. Pois bem: existem casamentos felizes? Vivemos numa sociedade profundamente infeliz... Como, então, conseguir um casamento feliz, no seio dessa mesma sociedade? Um casamento infeliz é uma das coisas mais intoleráveis e desditosas do mundo. E, então, o que deveria ser uma bênção transforma-se, em muitos casos, em verdadeira maldição.

A chave de tudo está nisto: ser feliz no casamento é uma arte que é preciso aprender.

De um modo ou de outro, todos nós falamos de felicidade: "sou feliz; "não sou feliz"; "acredito na felicidade", "procuro ser feliz". Mas... o que é a felicidade?

Não é fácil encontrar uma definição adequada, satisfatória. Se, a propósito, indagarmos muitas pessoas ou se tentarmos, entre nós, encontrar a definição de felicidade, constataremos que a idéia que dela temos não coincide com a de quase ninguém; mas, ao mesmo tempo, averiguaremos que não estamos longe de traduzir o conceito, muito embora não consigamos explicar completamente o que na verdade sentimos em se tratando de felicidade. De uma coisa temos certeza: "felicidade a curto prazo, frustração a longo prazo". A felicidade deve mesclar-se por toda a nossa vida, não deve deter-se apenas numa etapa, como se nela se alcançasse a plenitude, uma vez que estamos cientes de que o tempo passa e as circunstâncias variam.

A felicidade, à medida que é construída, produz um estado consciente de satisfação semelhante ao experimentado quando se concretizam um objetivo e um desejo.

Todos nós temos a felicidade ao nosso alcance, sobretudo se formos humildes, simples e generosos. A felicidade não é algo que chega por si nem pode ser adquirida de uma vez só, para toda a vida. Consegue-se com esforço e sacrifício. Buscá-la é uma arte. Não existem receitas mágicas para ser feliz, porém há certos elementos que devem acompanhar a procura da felicidade: a reflexão, o autoconhecimento, a auto-aceitação e a auto-estima, o amor-próprio, o respeito aos outros, a ordem, a disciplina, a força de vontade, fidelidade à própria consciência e ao caminho de Deus.

Existem, também, perigos e inimigos da felicidade: a busca exagerada de si mesmo, o egocentrismo, a procura dos êxitos fáceis, das recompensas imediatas e do prazer momentâneo, o egoísmo, o orgulho, a ambição e a injustiça.

É possível a felicidade no casamento? Muitos pronunciaram o "sim, aceito", mas depois, com o passar do tempo, o "sim" transforma-se em "não quero", "não posso" ou "jamais irei querer". Não obstante, muitíssimos matrimônios mantêm-se felizes ao longo dos anos. Qual o segredo?

O segredo da felicidade matrimonial começa quando se conhecem os próprios desejos e aspirações, os do cônjuge e da relação interpessoal. À medida que tais desejos e aspirações vão sendo assumidos, vai-se descobrindo que a felicidade está em casa e não fora dela. Além disso, para afirmar que a felicidade no casamento é possível, requer-se um trabalho em conjunto.

Como caracterizar um casamento feliz? Não existe um modelo determinado, mas podemos enumerar as características comuns em casais que o conseguem, a saber:

- Há uma corrente de sinceridade e honestidade entre os dois.
- Quando se propõem um objetivo, crêem que podem alcançá-lo.
- Custe o que custar, estão decididos a superar os obstáculos para manter o casamento bem.
- Têm disposição e abertura para compartilhar todo o seu ser.
- Enfrentam as crises, os conflitos e os problemas com coragem e maturidade.
- Mantêm o equilíbrio diante dos sentimentos, da ira e dos ciúmes.
- Sentem prazer em estar juntos durante o maior tempo possível e têm confiança mútua, como verdadeiros amigos.
- Aceitam-se, cada um como é.
- Existe respeito e confiança mútuos.
- Em seus diálogos, sublinham o que é positivo em vez do que é negativo.
- Dão mais destaque àquilo que os une do que ao que os separa.
- O diálogo conjugal é a prioridade de cada dia.
- O perdão se faz presente em suas vidas tantas vezes quantas for necessário.
- Dedicam um tempo para se divertir juntos.

- São generosos, abertos.
- Sabem que seu casamento vai bem, mas têm um forte desejo de melhorar a vida matrimonial.
- Oram e lêem a palavra de Deus juntos.

Animem-se! Em seu casamento existe uma energia de amor muito grande. Ainda que ele pareça dominado pela rotina, pela insipidez e pelo cansaço, digam com o poeta Antonio Machado: "Acreditei que o fogo de minha lareira estivesse apagado, estava removendo as cinzas... e queimei as mãos".

Para o casal dialogar

1. Acreditamos ser um casal feliz?
2. O que falta para sermos felizes?
3. O que podemos fazer para que nosso casamento seja mais feliz?

Para orar juntos

Senhor Jesus,
Tu nos chamaste à felicidade,
por isso vieste salvar-nos,
queremos juntos, como casal, alcançá-la.
Comprometemo-nos neste empreendimento
há alguns anos.
Hoje, com sucessos, lacunas e derrotas,
com alegrias e tristezas,
com muitas coisas que nos fizeram crescer
e com algumas que necessitaram de perdão,
podemos afirmar: estamos construindo a felicidade.
Sabemos, porém, que isso se obtém

porque tu estás conosco;
por isso, pedimos-te
que jamais nos abandones
neste magnífico empreendimento:
sermos felizes juntos.
Amém.

No casamento, amar-se muito não é tudo

O amor não procura seu próprio interesse.

(cf. 1Cor 13,5)

No casamento, não é suficiente querer-se ou amar-se muito. Além disso, é preciso saber. Saber o quê? Saber conviver. A convivência entre duas pessoas é sempre difícil, sendo fundamental que nenhum dos dois demonstre buscar o próprio interesse, e sim que "eu me interesso por você".

Tudo o que é bom tem seu preço. Isso confirma o dito popular: "o barato sai caro", que é uma grande verdade. Uma convivência matrimonial maravilhosa vale muito, e por isso custa. Nós, seres humanos, dispomos da possibilidade e dos elementos para manter um bom relacionamento como casal.

Hoje fala-se muito em crises matrimoniais, das separações, de como recuperar-se depois de um fracasso. Comenta-se que os jovens casais não conseguem suportar nada e que, ao surgir o primeiro problema sério, dizem que cometeram um equívoco, que não é essa a pessoa com quem se casaram. Vem, então, a separação, com tudo o que ela implica. Para duas pessoas que dizem amar-se, é tão difícil conviver? É hoje mais difícil do que antes?

Os casais que procuram ajuda, em sua grande maioria, começam por atribuir a culpa de seus problemas a diferentes elementos concretos: o trabalho, a falta de tempo para dialogar, os familiares que ultrapassam seus limites... Na realidade, porém, não sabem o que acontece com eles.

A manutenção de uma boa convivência diária não depende exclusivamente da vontade das pessoas. Apesar de fundamental, infelizmente ela não será suficiente se ambos não tiverem uma consciência clara de que sua relação é o mais importante, e de que é necessário preocupar-se com isso o tempo todo.

A convivência é naturalmente conflituosa, seja com o pai, a mãe ou um amigo. Ademais, na relação matrimonial, encontramos outra série de elementos que a dificultam: existem expectativas concretas; é para sempre; é preciso conquistar o carinho recíproco dia a dia e comunicar sentimentos; existem filhos — que são pessoas diferentes —, adicionando elementos à convivência. A isso, temos de somar o fato de que ambos provêm de famílias diferentes, com modos de vida distintos. Em suma, cada um tem um passado diferente, que o marcou de maneira também distinta.

São como fichas de diferentes cores, padrões de vida aprendidos, que surgem a cada momento da vida em comum e diante de cada situação da convivência cotidiana. Cada um deseja agir de acordo com a cor da sua ficha, esquecendo-se de que compete ao casal buscar "sua própria cor".

Por exemplo, se porventura o homem estiver habituado a agir de acordo com a cor amarela e a mulher, com a cor vermelha, na vida em comum o certo é buscar a própria cor: a cor alaranjada. A deles, e não a de outros casais. Se o conseguirem, será muito mais fácil entender-se. O importante é conversar sobre essas questões e negociar. "Isso agrada a você desse modo, e a mim, desta outra maneira. Busquemos, pois, uma solução que atenda a nós dois."

Um elemento importante a ser levado em consideração é o fato de que, na atualidade, os papéis não se encontram definidos. Há quarenta anos, bem ou mal, os papéis do homem e da mulher estavam estruturados. Ele trabalhava e ela ficava em casa. Hoje chegou-se à igualdade de papéis, em que a mulher geralmente trabalha fora e ainda se ocupa de suas antigas obrigações. E, por não estarem bem definidos, os papéis de um e de outro constituem uma importante fonte de conflitos.

Cabe a cada casal buscar seu próprio caminho, de acordo com suas necessidades e aspirações, baseado na interação de ambos, sem permitir influências de terceiros. É absolutamente necessário que ambos dêem importância à sua relação. O "eu me interesso por você" é fundamental. Deve importar a cada um o que o outro é, o que o outro pensa, o que o outro sente ou deseja. "O que nós queremos."

O simples fato de ter consciência desses pontos — que cada um traz consigo condutas aprendidas e que a vida de duas pessoas sob o mesmo teto é problemática —, já é de grande ajuda para a relação. Se ambos sabem que viver como casados não é empresa fácil, e sim complicada, usarão tais elementos para não idealizar e evitarão para si uma dolorosa queda na realidade.

O mesmo ocorre com o problema da adolescência. Se os pais não soubessem que é uma fase crítica no desenvolvimento, interpretariam o comportamento do filho de maneira errônea. Pensariam tratar-se de uma guerra contra os pais. Sem esse conhecimento, a adolescência seria uma etapa extraordinariamente crítica no relacionamento de uma família. Saber o que significa a adolescência atenua em muito a crise familiar.

No relacionamento de casais, também é preciso ter consciência de que o ser humano está constantemente em mudança, fato que antes não era levado em conta.

Pensava-se que, uma vez atingida a idade adulta, estava terminado o processo de mudanças para as pessoas. Hoje está provado que o ser humano continua evoluindo e sofre uma série de crises ao longo de sua vida. A crise dos quarenta anos por vezes é tão forte quanto a crise da adolescência.

Temos, então, duas pessoas conduzindo uma vida em comum, com expectativas similares e com processos individuais que podem ser díspares.

Pode ocorrer que um dos membros do casal esteja vivendo uma tremenda crise existencial, em razão da idade, ao passo que o outro esteja em uma fase florescente da vida. Quando as pessoas se casam, ignoram essas etapas, começando, às vezes, a interpretar erroneamente sua conduta, acreditando mesmo que as dificuldades com o outro advenham da vida em comum.

Nesses casos, o mau humor, o silêncio, o descontentamento com a vida são vistos como uma dificuldade de relacionamento do casal, e não o que realmente representam: que um deles, em sua evolução, está passando por uma etapa difícil. Diante desse fato, não resta outra atitude senão aceitar tal realidade, e não interpretar o comportamento do cônjuge como uma agressão pessoal, uma vez que, de fato, não o é.

Inúmeros são os elementos que dificultam a vida em comum; entretanto, vale a pena tentar e esforçar-se para ter um bom relacionamento, porque nele existem muitas coisas boas e maravilhosas! Um lar feliz pode ser considerado realmente verdadeiro se a cada dia se renovar, se a cada dia, diante dos obstáculos, formos capazes de superar-nos, de acreditar, de dar importância ao "eu me interesso por você".

Para o casal dialogar

1. Em nossa convivência, o que importa para nós é o "você" ou, pelo contrário, permanecemos presos no "eu"?
2. Os papéis estão definidos em nosso casamento?
3. Como agimos diante da crise do outro? Sentimo-nos deslocados, agredidos, ou procuramos redobrar o amor, para ajudá-lo a crescer?
4. Que proposta faremos em comum, depois deste diálogo?

Para orar juntos

Senhor Jesus,
em nossa convivência diária,
encontramos muitos elementos para superar,
exigindo que saiamos do nosso eu,
para interessar-nos pelo você.

Queremos manter-te sempre entre nós,
para que nos ajudes a fazer crescer nosso amor,
mas, acima de tudo, para que nos ensines a conviver,
que nosso viver juntos não oculte o grande amor
que temos um pelo outro.

Que descubramos, diante da crise do outro,
sua necessidade e que jamais pensemos
que ele tem algo contra nós.

Jesus, que nossa convivência
seja sempre maravilhosa,
inclusive nos momentos
em que é preciso superar obstáculos.

Amém.

As crises e os conflitos matrimoniais

*Vocês estão com raiva? Não pequem;
o sol não se ponha sobre o ressentimento de vocês.*

(Ef 4,26)

Quando, no matrimônio, o casal já não se sente feliz, descobre-se que, geralmente, a origem dessa infelicidade encontra-se no fato de que o esposo e a esposa estão evitando defrontar-se com a realidade de sua relação, a saber: com suas crises, seus verdadeiros conflitos e seus reais problemas.

O casamento é uma relação de amor entre um homem e uma mulher. Tradicionalmente, tudo se fez para que permanecessem juntos nas coisas boas e nas más, na saúde e na enfermidade... ou então, condicionou-se essa decisão à paternidade: "continuamos juntos por causa dos filhos".

Mas os tempos mudaram: existe hoje uma necessidade e uma premência de reforçar a relação interpessoal entre esposo e esposa, a fim de poder resistir às grandes correntes destrutoras de nosso tempo, que impelem os casais para o individualismo, o materialismo, o consumismo e a vida sem Deus.

Pelos motivos citados, os casais que fazem parte desta sociedade em constante mudança precisam centralizar toda a atenção em sua relação conjugal, para juntos defenderem-se e libertarem-se dos poderes destrutivos, enfrentando com coragem seus conflitos, seus problemas e suas crises.

Quando se fala em crises no âmbito matrimonial, isto soa como algo negativo e mau. Acredita-se que as crises do casamento acabem em discussões, brigas, desavenças, razão pela qual é preciso evitá-las. Tal crença é equivocada, pois as crises no casamento devem ser vistas como verdadeiras oportunidades de amadurecimento e de crescimento. Constituem sinal de saúde matrimonial. Os casamentos sem crises encontram-se nos cemitérios.

Há quem diga: "Nós não temos crise em nosso casamento". No entanto, as crises são inevitáveis; a falta de consciência e seu não-reconhecimento, porém, tornam os cônjuges incapazes de comunicar-se em profundidade e, portanto, seu relacionamento passará a ser superficial e se deteriorará paulatinamente. Se um casal não enfrentar suas crises matrimoniais, esteja certo de que jamais chegará a ser feliz. Ademais, a causa da não-superação de uma crise matrimonial é quase sempre a falta de capacidade para solucionar conflitos de maneira criativa.

Quando um homem e uma mulher se sentem atraídos um pelo outro, começam a tomar consciência de suas diferenças. E são precisamente tais diferenças que despertam atração e interesse mútuos. Ao perceber que estão apaixonados, buscam atingir um nível profundo de intimidade e compartilham suas vivências pessoais. Desse modo, tornam-se vulneráveis. Uma vez casados (e após a lua-de-mel), aquelas diferenças inicialmente reconhecidas convertem-se em fonte de discórdias, discussões e conflitos de diferentes graus e níveis.

Rodolfo dizia: "É duro ter de reconhecer que em nosso casamento haja problemas a ser solucionados o quanto antes. É mais fácil ignorá-los ou negá-los. Agrada-me pensar que, em comparação com outros casais, o nosso casamento vai razoavelmente bem; não está de todo mal".

Carmen replica: "Estou de acordo com você; nosso casamento não é mau, mas sinto que nos falta algo. Na superfície, anda tudo bem, mas dentro de nós existem feridas... Muitas vezes começamos a conversar e acabamos discutindo. Existem coisas a respeito das quais temos medo de falar. Preferimos ocultá-las debaixo de um tapete a compartilhá-las. Isso não pode continuar assim".

O conflito nasce quando a intimidade matrimonial exige o sacrifício do próprio "eu", para ceder lugar ao "nós". O conflito é um sintoma de que algo anda mal no relacionamento entre os cônjuges, como no caso de Carmen e Rodolfo. Ao ser enfrentado, o conflito converte-se numa oportunidade de crescimento, maturidade e maior intimidade matrimonial.

O conflito agrava-se nos casos em que os cônjuges se agastam e encolerizam-se; para solucioná-lo, será necessário enfrentar com coragem a própria ira.

Os especialistas em análise de condutas humanas afirmam que a raiva é inevitável em todo relacionamento íntimo, mas, de um modo especial, na relação matrimonial. A raiva é uma reação e uma autodefesa instintiva, emocional, automática. A raiva é um sentimento. Logo, não é boa nem má. Além do que, não deve ficar encerrada, mas ser expressada.

Uma grande verdade é que, quer se expressem ou não, a raiva e as irritações fazem-se presentes em todo casamento. A chave da solução para o casal, se quiser crescer e amadurecer, é aprender como portar-se diante de sua ira e de suas irritações. Uma forma prática consiste em reconhecer a raiva em si próprio, abrir-se ao diálogo sincero e amoroso e, como diz são Paulo, que a noite não os apanhe ainda ressentidos.

Para o casal dialogar

1. Qual é o estado atual de nosso casamento?
2. Quais os principais desentendimentos e diferenças entre nós dois?
3. Existe, atualmente, alguma crise em nosso casamento? Em caso afirmativo, como a descobrimos?
4. O que faz cada um de nós para superá-la?
5. De que modo poderíamos e deveríamos aumentar nossa intimidade conjugal e ajuda mútua?

Para orar juntos

Senhor Jesus,
em nossa vida matrimonial, as crises e os conflitos
são uma ajuda concreta para a maturidade e o crescimento.

Ajuda-nos a reconhecer os problemas
de nosso casamento,
a enfrentá-los com visão positiva,
dispondo-nos a um diálogo sincero e amoroso,
cientes de que na manifestação
dos sentimentos
e na busca da verdade
está a solução,
dela brotando,
com força e grandeza,
a capacidade do perdão.

Que nunca nos esquivemos do enfrentamento
de nossas crises e conflitos,
que nunca enganemos a nós mesmos,
acreditando que "está tudo perfeito".
Ah! Pedimos ainda,

quando estivermos encolerizados,
que não nos esqueçamos de que tu
estás ali... muito perto...
ajuda-nos.

Amém.

Quando um mais um não são dois

> Mais vale estar a dois do que estar sozinho,
> porque dois tirarão maior proveito do seu trabalho.
> De fato, se um cai, poderá ser levantado pelo companheiro.
> Azar, porém, de quem está sozinho:
> se cair, não terá ninguém para o levantar.
> Se dois se deitam juntos, um poderá aquecer o outro;
> mas como poderá alguém sozinho se aquecer?
> Se um deles for agredido, dois poderão resistir,
> e uma corda tripla não se arrebenta facilmente.
>
> *(Ecl 4,9-12)*

A solidão. Geralmente, temos medo da solidão. Mas, antes de penetrar no tema, é preciso esclarecer o que entendemos por solidão. Existem dois tipos de solidão. Uma é saudável, a outra é doentia. A primeira é desejada, procurada, necessária... É a solidão que nos permite o prazer de estar conosco mesmos, com a natureza, no silêncio rompido apenas pelo canto de um pássaro ou pelo murmúrio da água que corre pelo leito de um riacho, com meu irmão na contemplação de seu semblante, com Deus por meio de tudo o que se disse anteriormente, ou no profundo silêncio de um retiro. É a solidão que cria um espaço de distanciamento do mundo agitado das multidões. A outra é doentia: produz reclusão forçada, isolamento doloroso, angústia.

Entre os tipos de solidão dolorosa, existe um que está entre os mais graves: experimentar a solidão de isolamento, mesmo vivendo acompanhado. E essa realidade é ainda mais dura se encontrada na vida matrimonial!

Existem casais que simplesmente vivem sob o mesmo teto, mas paralisados por uma profunda solidão. Isso faz lembrar Estela e Jorge. Ela vivia com uma profunda tristeza interior. Estava casada havia catorze anos e jamais tinha sentido que seu esposo era uma companhia. Ao contrário, tinha a impressão de que a casa representava para ele um simples hotel, onde se reabastecia para satisfazer necessidades. Notava que ele era muito mais companheiro dos amigos do clube e das pessoas ligadas a relações comerciais do que dela. Estela relatou que a profunda solidão por ela experimentada levou-a a sentir Jorge como um estranho...

Jorge, por sua vez, também confessou sentir-se muito só. Sempre havia sonhado com um "lar caloroso", mas ao chegar em casa encontrava somente frieza. Reconhecia, igualmente, que ele levava ainda mais gelo para esse frio. A fuga, os amigos, o clube, o trabalho... A vida íntima havia desaparecido. Já falavam até em separação. Aparentemente, o título desta reflexão é coerente com a vida que levavam: "Quando um mais um não são dois"; duas solidões sob o mesmo teto. Parecia que a única coisa que os unia era uma voz, quando Paulinho os chamava: "mamãe..." "papai..."

Esse mesmo Paulinho e Andréia — a filha mais velha — apareceram imediatamente no relato. Isso porque Estela admitia que, na busca de uma compensação para a falta de carinho e companhia conjugal, havia-se voltado demasiadamente para os filhos. Jorge chegou a declarar ter havido dias em que ele se sentia excluído dos planos do lar.

Em maior ou menor proporção, muitos casais enfrentam a pesada realidade da solidão. Como ajudá-los? Como fazer para transportar-se da noite escura da solidão para o pleno dia de sol da companhia? Só há um caminho:

a comunicação. Pois bem, quando essa comunicação nunca existiu ou se perdeu há muito, como começar? Como fazer, já que são de tal forma estranhos que entre si sequer conhecem a linguagem?

Vou propor-lhes os elementos básicos para dar início e enriquecer uma comunicação matrimonial:

1. Intenção de comunicar-se. Fundamentalmente, cada um terá de perguntar-se: quero? Quero que exista melhor comunicação em nossa vida matrimonial? Quero chegar a essa comunicação, comunicando-me eu próprio? Se um ou os dois não quiserem, é melhor nem começar.

2. Procurar e encontrar o momento. É muito importante criar um momento para os dois, no qual encontrem o clima propício para a comunicação. Lembro-me de um casal que havia perdido o costume de comunicar-se e, ao mesmo tempo, seu relacionamento conjugal estava se desgastando. Procuraram o momento... não o encontravam, pois ambos trabalhavam e tinham quatro filhos em idades distanciadas, o que significava a existência de necessidades distintas, reclamando atenções também diferentes. Indagaram-se sobre o que era mais importante... salvar o bom relacionamento matrimonial... Surgiu então o momento: há vários anos, seu relógio despertador soa todos os dias às quatro da manhã... Talvez alguém diga, zombeteiramente: muito cedo! Eles, todavia, descobriram que era o mais importante e hoje mantêm um casamento maravilhoso... Valia a pena?

3. Saber escutar. Para o êxito de uma boa comunicação, requer-se que a pessoa se disponha a ouvir. O que não significa uma atitude passiva, mas um esforço para entender o que o outro está expressando.

4. Expressar os sentimentos. Compartilhar o interior. Exteriorizar os sentimentos que se produzem em nossa inti-

midade. Todos: os positivos e os negativos. É necessário que o outro tome conhecimento de tudo quanto se passa no mais íntimo, porque essa é a verdade de cada um. Faz-se mister dialogar sobre o profundo, e não sobre o superficial.

5. Expor as necessidades. Numa boa comunicação, saberemos pedir aquilo de que necessitamos, o que cada um espera do outro.

6. Evitar a reação subjetiva. Não agir tomando por base simplesmente a maneira pessoal de ver as coisas, ou movido por suscetibilidades e visões particulares. É preciso buscar a verdade para ver com objetividade como as coisas são realmente.

7. Evitar a competição ou disputa. Deixar de lado todo tipo de discriminação, de atitudes que menosprezem e depreciem o outro. Por exemplo: "você é sempre igual", "nunca entende nada", "você é igual à sua família".

8. Saber pedir perdão. Uma boa comunicação supõe a capacidade de reconhecer o erro e saber pedir perdão.

9. A chave: começar mudando a si próprio. Toda comunicação, toda reforma positiva na vida matrimonial, todo objetivo que ambos se propõem atingir deve começar a partir de cada um. Se um dos dois esperar que o outro comece primeiro, é provável que aquilo que se deseja alcançar jamais se torne realidade.

Uma vida conjugal em que se sente solidão pela falta de comunicação renega o princípio de matemática segundo o qual um mais um são dois. Porque o "mais" deixa de funcionar. A falta de comunicação impede a soma. É um e é um. Porém cuidado, pois se isso não for corrigido a tempo, pode subtrair ou dividir. Um menos um é igual a zero. E o zero, em si, não vale nada. O casamento é constituído para somar e multiplicar, a fim de que o resultado final não seja solidão, mas felicidade, pois "uma corda tripla não se arrebenta facilmente".

Para o casal dialogar

1. Algum de nós sentiu solidão?
2. Em nosso casamento existe solidão ou comunicação?
3. Estamos dispostos a começar a crescer numa boa comunicação?
4. Para que essa boa comunicação se efetue, qual será a contribuição de cada um?

Para orar juntos

Senhor Jesus,
se um momento de solidão
serve para encontrar-te, vale a pena!
Hoje, porém, queremos pedir
que nos ajudes a nos comunicar cada vez melhor,
para, assim, vacinar-nos
contra a solidão destruidora e doentia que dois,
vivendo sob o mesmo teto,
sentem dolorosamente.
Queremos ser dois que, no amor e na comunicação,
não apenas se acompanhem, mas que cheguem
a fundir-se num só, e que, Senhor, melhor ainda,
se a nós te estiveres somando, de três, faremos um.
E que tua graça nos abençoe.
Amém.

Os valores de nosso casamento

> *O Reino do Céu é como um tesouro escondido no campo. Um homem o encontra, e o mantém escondido. Cheio de alegria, ele vai, vende todos os seus bens, e compra esse campo.*
>
> (Mt 13,44)

Em cada casamento existe um tesouro que muitas vezes encontra-se escondido. Por isso, vamos concentrar nossa atenção na dimensão prazenteira e esperançosa da relação entre esposo e esposa, ou seja, no maravilhoso potencial de valores e de energia do amor conjugal.

O que vêm a ser os valores? Muitos os definem como qualidades que entesouramos em nosso interior. Em muitas circunstâncias, porém, são considerados energias adormecidas dentro de nós, motivo pelo qual é preciso que as descubramos para poder libertá-las e, desse modo, venham a ser as forças motivadoras e motoras de nossas vidas.

Lamentavelmente, muitos ignoram todos os valores que possuem, chegando até, por vezes, a menosprezar-se. Entretanto, os valores permanecem sempre ali, no mais profundo do nosso ser, imprimindo forma a nossos desejos e ideais mais íntimos. Essa riqueza de valores pode abranger os mais diversos aspectos de nossa vida: pessoal, conjugal, familiar, comunitário ou social. Obviamente, os valores de que iremos tratar aqui são os concernentes ao matrimônio.

Quantas pessoas casadas vivem no desconhecimento da riqueza de valores que possuem como casal! Atenção, porém, pois essa ignorância faz mal. Constitui, geralmente, a raiz da infelicidade. Por esse motivo, é muito importante descobrir toda essa riqueza matrimonial, porque as auxiliará a trabalhar e a aprofundar-se na construção da felicidade.

Nem sempre é fácil identificar os valores matrimoniais, especialmente se os cônjuges se mostrarem mesquinhos, egoístas e irascíveis. Não obstante, existe sempre, sempre, inserido em todos os casais, um tesouro escondido, formado de energia divina de amor, à espera de que o descubram.

Na tarefa da busca do tesouro dos valores matrimoniais, pode-se começar por três valores inerentes a qualquer casamento: a convivência, a sexualidade e o amor conjugais.

A convivência matrimonial é um dom grandioso de poder compartilhar todas as dimensões da vida em todas as horas, e por todo o tempo que durar a própria existência. É uma lástima que muitos descubram essa apaixonante experiência somente depois de se separar por algum motivo: ou por divórcio, ou porque a morte os tenha deixado sós! É agora! É preciso descobrir este dom magnífico: o da convivência matrimonial. E é assim que se deve vivê-lo: como uma experiência apaixonante.

Isso não significa esquecer-nos de que a convivência conjugal não é fácil, dado que implica aceitar diferenças, limites e a personalidade de cada um, buscar os espaços necessários para partilhar o máximo possível com o cônjuge. Todavia, sem esquecer isso, é preciso insistir em que a convivência matrimonial constitui um imenso valor que se transforma numa apaixonante experiência.

Por isso, quando os cônjuges deixam de compartilhar e de caminhar unidos, contentando-se simplesmente em coexistir, o casamento morre.

A apaixonante experiência matrimonial consta de diversas etapas. Uma primeira pode ser definida como um período de romantismo conjugal: desejo intenso de estar junto do outro e partilhar o máximo possível, olhar-se muito nos olhos, conversar, sonhar, acariciar-se... Poderíamos denominá-la etapa primaveril. Entretanto, existe também, nessa apaixonante experiência, o tempo árduo da adaptação, das diferenças, dos mal-entendidos, das frustrações, dos desencontros, dos ciúmes, da indiferença, da solidão. Diríamos tratar-se da etapa em que se experimenta no amor o frio congelante do inverno. Porém, não existe sacrifício nem dor que não traga seu fruto. O verão matrimonial é o tempo em que se saboreia o fruto da grandiosa aventura da convivência e da comunicação no amor. Até que um dia há de chegar a etapa do outono que, deixando cair as folhas secas do humano, irá desnudar o modo como obtiveram o equilíbrio e o crescimento do amor nas outras etapas.

O segundo dos valores a ressaltar é o da sexualidade conjugal. A chave, aqui, está em descobrir a grande riqueza da energia sexual do casamento, começando por não confundir sexualidade com o aspecto biológico ou genital e, igualmente, distinguindo sexo de amor. A sexualidade possui em seu interior grande capacidade para expressar o amor. Sem este, aquela não tem sentido. Vivemos numa sociedade obcecada pelo sexo, em que homens e mulheres chegam à amarga experiência de que o sexo, que é bom em si, não pode constituir-se no porquê do existir ou no objetivo final. E vocês, casais, sabem-no muito bem. É preciso descobrir a grande riqueza da sexualidade, esse dom maravilhoso que possuem em decorrência do casamento, e que lhes proporciona um sem-fim de possibilidades a serem compartilhadas como casal.

O terceiro e grandioso dom conjugal é a capacidade de amar. O essencial, na vida conjugal, é o amor. Um prêmio pela informação! — dirão vocês. Talvez, mas uma coisa lhes digo: é uma grande lástima que muitas pessoas casadas vivam e morram sem descobrir e sem libertar essa formidável potência de amor. Pois o amor conjugal é o coração de todo casamento autêntico. Um amor que, como tesouro, implica: aceitação total do outro, afeto desinteressado e íntegro, contínua dedicação e serviço. Quando tudo isso é recíproco, temos, então, uma relação pessoal profunda e amorosa... E isso, o que é? É uma característica do casamento feliz.

Esse dom do amor conquista atitudes concretas: honestidade pessoal, sinceridade, abertura, confiança, comunicação, simplicidade, fidelidade... Algo mais?

Lancemo-nos na busca, na descoberta e na valorização do tesouro de cada casal.

À pergunta "qual é seu tesouro matrimonial?", José Luís respondeu: "Nossa comunicação e confiança mútuas, nossa unidade e amizade". Alice acrescentou: "A experiência íntima de amar e sentir-me amada". Já a resposta de Carlos foi esta: "A habilidade na solução de conflitos e problemas de maneira construtiva, nossos filhos e a fé em Deus"; e Maria Ester assinalou: "Nosso carinho, nosso compartilhar profundo, nossa relação íntima, que é expressão viva de nosso amor, nossa fidelidade... e que em nosso casamento não existem ciúmes, indiferenças, cálculos...". Raquel e Nestor, quase em coro, disseram: "Jesus junto a nós dois".

Para o casal dialogar

1. O que é que mais valorizamos em nosso casamento?
2. Temos consciência do tesouro que é a convivência? O que é mais primoroso em nossa convivência? O que há de negativo que temos de corrigir?
3. Estamos conscientes do amplo dom da sexualidade? Por que "sim" ou por que "não"?
4. Nosso amor encontra-se bem desperto ou está adormecido...? Como se pode notar isso?

Para orar juntos

Senhor Jesus,
pedimos-te o dom maravilhoso
de descobrir nossos dons.
Sim, sabemos que em nosso casamento
existem muitas coisas magníficas,
e que conhecemos algumas delas...
Não queremos, porém, que nossa vida passe
sem que tenhamos descoberto e aproveitado todas.
Ajuda-nos a trazer à luz
todo o potencial de nosso amor,
todos os valores que, talvez, ainda
não aproveitamos o suficiente.

Amém.

Devemos melhorar

Falta ainda uma coisa para você fazer...

(Lc 18,22)

Um dos piores males de nossa sociedade é o "conformismo", a perda do desejo de crescer. Isso ocorre em todos os âmbitos, seja no da fé, seja no da vida cotidiana. A única exceção talvez esteja no âmbito das coisas materiais, em que consumimos muitas energias para continuar possuindo mais. Vamos propor o crescimento do matrimônio.

Ouvimos freqüentemente casais que dizem: "nós estamos bem", "graças a Deus, não encontramos falhas...". No íntimo, alguém pode pensar: "pobrezinhos", pois falam como se já tivessem conseguido tudo. "Como casal, conduzimo-nos bem." Perfeito, mas a questão não está em conduzir-se "bem", mas em conduzir-se "melhor". Recordemos o jovem rico dizendo a Jesus: "Desde jovem tenho observado todas essas coisas. O que mais devo fazer?". E a resposta de Jesus: "Falta ainda uma coisa...".

"Para melhorar, não é preciso estar ruim." Um casamento não precisa ser mau para ser melhor. Seu bom casamento deve ser melhor.

Conheço duas pessoas que chegaram a realizar uma experiência matrimonial porque, diziam elas: "vivíamos um bom casamento, porém queríamos um melhor". Durante a experiência, dialogaram e anotaram tudo. Quando voltaram para casa, começaram a tirar proveito de seu "bom" casamento e de tudo quanto haviam colhido de sua experiência.

Haviam reconhecido o apreço crescente de um pelo outro, mas também haviam reconhecido que a centelha estava se apagando.

Decidiram efetuar algumas mudanças. Primeiro trabalharam sobre o fato de que Deus os colocou juntos, chamando-os para o que há de maravilhoso no casamento. Comentavam: "Recordamos todo o nosso passado, repassando, em primeiro lugar, os bons momentos que vivemos juntos; conversamos uma noite inteira, como no princípio... Sentimo-nos imediatamente submersos em nosso amor; reconhecemos o quanto nos amávamos e, de súbito, brotou um sentimento de gratidão profunda para com o Senhor, que nos havia chamado ao amor". Como preparação para a mudança, fizeram-se algumas perguntas, procurando dar respostas honestas: "É desse modo que queremos passar o resto de nossas vidas? Ao realizar mudanças, qual a primeira coisa que você queria que eu considerasse? Qual o ponto mais forte de nosso casamento? Qual o mais fraco?".

Daí por diante, trataram da mudança. Não em grandes, mas em pequenas coisas, o que significa contribuir para obter uma grande mudança. Eles comentaram comigo tais elementos e pareceu-me que o programa por eles elaborado poderia ser também o de vocês:

1. Nós nos reapaixonamos: Três elementos os ajudaram na renovação do romance: "Ambos tomamos a decisão de dizer 'eu amo você' ao menos uma vez por dia. Reservamos uma noite fixa em cada semana como noite de encontro. Só excepcionalmente a trocávamos por outra. E o terceiro elemento: preparar-nos para nosso encontro, pensando especialmente em todo o ocorrido durante a semana, para podermos nos comunicar melhor um com o outro".

2. Conhecemo-nos melhor: "Mesmo que estejamos casados há muitos anos, dificilmente chegaremos a conhecer-

nos por completo. Nem mesmo consegue-se conhecer a si próprio e, enquanto vivermos, continuaremos mudando". Esse casal, como conseqüência do profundo diálogo que conseguiu levar a efeito, aprendeu algo mais a respeito do outro.

3. Conseguimos melhor sintonia com a nossa sexualidade: Eles comentavam que podiam rezar, ler a palavra de Deus juntos, conversar sobre o dinheiro, as crianças etc., mas se sentiam muito incomodados quando tentavam falar de sexo. Começaram a dialogar sobre isso. O resultado está no que ela dizia a seu esposo: "O importante é que você aprendeu a perguntar-me o que mais me agrada e em seguida dizer também o que mais lhe agrada, a transmitir como nos sentimos... e isso nos deixa seguros".

4. Exploramos o diálogo não-verbal: "Relembramos que se diz muito mais tocando do que falando. Descobrimos que somos humanos à flor da pele. Todos necessitamos ser tocados, desde a infância. Há crianças que morrem por falta de contato humano. No começo, minha esposa e eu costumávamos tocar e acariciar um ao outro com freqüência, porém perdemos o hábito. Para voltar a ele, começamos a nos perguntar o que sentíamos quando nos tocávamos. Agora, no carro, no sofá ou em outro momento qualquer, nos damos as mãos e eu coloco o braço sobre os ombros dela".

5. Mantivemos boa apresentação: "Existem muitos casais que se arrumam para sair. Em casa, ficam desleixados, ele sem se barbear, ela com bobes na cabeça, em suma, 'é um feriado'. Como casal, descobrimos que para o amor não existem feriados, porque quando nós dois estamos em casa é dia de festa. Por isso, mesmo que não estejamos trajados com roupas de sair, apresentamo-nos bem penteados e arrumados".

6. Respeitamos a liberdade do outro: Afirma ela: "Antes discutíamos por causa das relações com outras pessoas. Ele possui uma ampla gama de interesses e atividades. Com o correr do tempo, compreendi que ele necessitava de outras pessoas em sua vida, que eu não podia asfixiá-lo. Agora, sinto-me até mais segura de mim mesma".

7. Compartilhamos a carga do trabalho e do lar: "Desde o começo do nosso casamento, nós dois trabalhamos. Agora, porém, mais do que nunca, acredito que, se minha esposa trabalha fora de casa para colaborar na receita, não deve enfrentar sozinha toda a carga que significa manter um lar".

8. Admitimos que não somos perfeitos: Cônjuges maduros são aqueles que aceitam uma conduta imperfeita e, ao mesmo tempo, continuam amando. "Nós nos demos conta de que algumas coisas não podem ser mudadas", comenta ela. E ele interrompe: "Por exemplo, às dez da noite já não tenho energias, e para ela ainda restam duas horas. Não é necessário que eu mude isso; podemos falar de coisas importantes em outro momento".

9. Descobrimos a necessidade de dizer um ao outro "preciso" ou "quero": Muitos casais esperam que o cônjuge adivinhe o pensamento. "Se me amasse, saberia que... Por que tenho de sabê-lo? Seria tão diferente se me dissesse: 'Sabe? Desejo tal coisa'".

Finalmente, eles declaram: "Antes, tínhamos um bom casamento; agora não temos um perfeito, mas sim um muito bom. Começamos com alguns toques renovadores, e o ano que passou foi um dos melhores períodos de nossa vida. Temos a intenção de manter esses retoques de renovação até que a morte nos separe".

Para o casal dialogar

1. Somos conformistas com nosso casamento ou ainda desejamos crescer?
2. Em que cada um de nós deve melhorar, para que o casamento cresça?
3. De que modo devemos nos ajudar mutuamente?

Para orar juntos

Senhor Jesus,
não queremos panos quentes,
a tristeza, o conformismo.
Ajuda-nos a renovar nosso casamento,
com o permanente desejo de nos tornarmos melhores.
Que nos perguntemos a cada dia:
Em que devo ser melhor?
Em que tenho de te ajudar para que sejas melhor?
Em que devemos melhorar nosso casamento
para termos real consciência de "por onde caminhar"?
Tudo o que somos, nós o devemos a ti;
tudo o que podemos alcançar
também será fruto de tua ação,
porque contamos com tua graça.

Amém.

Segunda parte

... *amamos um ao outro*...

O amor matrimonial

Ame ao seu próximo como a si mesmo.

(Mc 12,31)

Em todo casamento existe o chamado a uma vivência intensa e de permanente crescimento na relação amorosa entre a esposa e o esposo. Nas profundidades desse amor conjugal, o casal encontrará a chave da felicidade matrimonial. E esse encontro depende de uma busca apaixonante e nada fácil, no âmbito de um amor difícil de ser entendido e ainda mais difícil de ser posto em prática. A palavra "amor", um dos termos mais utilizados no mundo, é, ao mesmo tempo, uma das palavras mais desvirtuadas de nossa época, chegando, por vezes, a servir como justificativa para algumas ações que contrariam até a moral: "Fiz isso por amor".

Uma das distorções mais freqüentes é a que consiste em identificar amor com sexo, realidade claramente demonstrada na expressão tão usual: "fazer amor". É evidente que o sexo, no casamento, é expressão do amor; este, porém, nunca pode ser substituído, nem identificado de maneira equivocada.

Outro dos erros é confundi-lo com emoções e sentimentos românticos. Por essa razão, muitos (especialmente os jovens) dizem que amar é "sentir-se bem", é "estar bem com a outra pessoa". Ninguém discute o fato de que o amor matrimonial necessita da magia contida no toque romântico; porém, à medida que o amor cresce e amadurece, tem necessidade de arraigar-se em algo mais consciente e estável.

O amor conjugal não pode fundamentar-se na areia movediça das emoções e sentimentos. Deve consolidar-se num compromisso mútuo, sério e de caráter permanente. É preciso saber, além disso, que amar é aceitar o outro em sua totalidade e tal como ele é. É claro que a livre atitude de aceitar o cônjuge é sempre acompanhada de sensações e sentimentos; estes, entretanto, são secundários e relativos perante a firme decisão de aceitar o outro.

Pois bem, como o amor se desenvolve e cresce à proporção em que as relações mudam e crescem, podemos falar em diversos níveis de profundidade do amor conjugal, à luz do texto bíblico que introduz este capítulo: "Ame ao seu próximo como a si mesmo", expressão de Jesus para cada um de nós.

1. Como a si mesmo. É o amor a si próprio. Um amor saudável, respeitoso, razoável e sereno, ao que se é. Esse amor implica a auto-aceitação incondicional, como uma história concreta que se carrega sobre os ombros, com suas opções realizadas, virtudes, capacidades, seus defeitos e sua realidade pecadora. Essa aceitação é a chave para que se torne possível qualquer relação amorosa. Sem o amor-próprio não se pode amar ninguém.

2. Ame ao seu próximo como a si mesmo. No casamento, cada um dos cônjuges deve estar ciente de que o outro é o "próximo mais próximo". Por essa razão, é o campo de ação que está mais perto e que empenha o amor dos esposos. Aqui tem início a aceitação total do outro, de maneira sincera e recíproca. Um amor que se abandona à abnegação e à busca do cônjuge como a si mesmo.

3. Ame seu cônjuge como gostaria de ser amado. Um modo de aprofundar o amor conjugal é tornar realidade para o outro o ideal que se quer para si. Trata-se de um amor incondicional, sem egoísmos nem cálculos especula-

tivos. Essa atitude é sumamente construtiva, pois, em vez de exigir que o outro chegue ao nível de um amor ideal, a exigência incidirá sobre si mesmo, no empenho em doar-se plenamente ao outro.

4. Ame seu cônjuge mais que a você mesmo. Lembremo-nos de que, pelo sacramento do matrimônio, os casados constituem sinal do amor entre Jesus e a Igreja. São assim penetrados por esse mesmo amor de Jesus, o que os torna capazes de amar com um amor perfeito, próprio de Deus e daqueles a quem ele o concede pela graça. Essa profundidade do amor dispõe o coração a morrer pelo outro... dar a vida pelo outro gota a gota, de segundo a segundo, com a graça de Deus. Aqui está a chave da felicidade de que falamos antes.

Como se vê, o amor não é algo que passa apenas pelos sentimentos: é algo que se faz e exige... até mesmo a morte. Se o casal o mantiver vivo em sua vida conjugal, fazendo-o progredir, na realidade, cada um estará cuidando de sua própria vida.

Para o casal dialogar

1. Como definiríamos nosso amor?
2. Cada um de nós aceita a si mesmo? Ama a si mesmo?
3. Em que grau nos encontramos:
   - Amamo-nos como a nós mesmos?
   - Amamos como gostaríamos de ser amados?
   - Amo você mais que a mim mesmo?
4. O que devemos superar, para que se fortaleça o fogo de nosso amor?

Para orar juntos

Senhor Jesus,
damos graças por nos haveres chamado
a uma vivência profunda do amor matrimonial,
dando-nos a oportunidade
de chegar a identificar com o teu
o ideal de nosso amor.
Ajuda-nos, a fim de que nosso amor conjugal
possa conter um fogo intenso e abrasador,
que se identifique com a própria perfeição
do amor de Deus,
para poder, dessa maneira,
gozar da entrega plena e total
entre nós dois.
Amém.

A linguagem do amor

Beije-me com os beijos de sua boca!
Seus amores são melhores do que o vinho,
o odor de seus perfumes é suave,
seu nome é como óleo escorrendo...

(Ct 1,2-3)

O amor, como todos os sentimentos que enriquecem o relacionamento do casal, expressa-se por meio de uma linguagem precisa, própria de cada casal. A vida amorosa contém uma linguagem que se expressa mediante códigos específicos de cada par, e é importante conhecê-los para conseguir estabelecer uma linguagem comum entre as duas pessoas.

O que acontece quando nos apaixonamos? Desaparecem todos os elementos agressivos em relação ao outro. Ninguém ofende a figura do amado. O apaixonado perdoa e ignora os defeitos e as faltas do escolhido. Não consegue suportar a mínima visão desfavorável, repelindo suas próprias percepções toda vez que não estão de acordo com a visão idealizada que tem do outro. Porventura não se diz que o amor é cego? Essa idealização do outro gera uma sensação de felicidade ideal e de percepção do prazer. Pois bem, essa estrutura encontra-se permanentemente ameaçada pela realidade. Por esse motivo, é importante, na vida matrimonial:

- Aceitar o outro tal qual é, sem idealizá-lo nem desvalorizá-lo. Reconhecê-lo com seus desejos, suas dúvidas, qualidades e insuficiências.

- Redescobrir-nos mutuamente diante do espelho que o outro nos mostra. A imagem que mostramos ao outro muitas vezes está bem longe daquela que acreditamos apresentar.

A imagem que apresentamos ao outro é essencial. Isso exige que a mostremos tal como é, de acordo com o que fomos, o que somos e o que desejamos ser. Tudo isso passa por uma boa comunicação. Quando há paixão, a comunicação entre os cônjuges fundamenta-se na qualidade da expressão do corpo, do espírito e do coração.

O corpo é possuidor de uma linguagem que lhe é própria. Mediante essa linguagem, mantemo-nos em contato com a natureza, com os outros seres humanos e com a matéria. Nela se desenvolvem nossos sentidos: a visão, a audição, o olfato, o gosto e o tato. Nosso corpo constitui o meio para expressarmos nosso amor, para manifestarmos nossa ternura.

Por intermédio de suas manifestações, o corpo "fala" com uma linguagem definida. Assim sendo, é importante aprender a compreendê-lo e a conhecê-lo. Tudo quanto é comunicado permanece gravado na memória afetiva e emocional de cada um dos cônjuges. Enquanto isso, quanto mais agradável a lembrança de uma sensação, mais forte a intensidade dessa recordação e maior o sentimento que une o casal.

O corpo expressa o que o espírito e o coração querem manifestar. A sexualidade expressa o sentimento. O amor humano passa pelos sentidos: perfume, cheiro da pele, suor, palavra, cor, formas, contatos, carícias. A mulher tem, geralmente, mais sensibilidade no tato, ao passo que no homem a vista e o tato desempenham um papel igualmente importante. Sem expressão corporal do que se sente interiormente, a relação matrimonial esfria e pode morrer.

No matrimônio, o contato físico está freqüentemente ligado à paixão amorosa, perdendo-se, desse modo, uma grande riqueza: a de conhecer-se profundamente por meio da comunicação. Nesta, a arte matrimonial não está em "brincar de esconder-se" com o outro, mas em permitir-lhe que nos conheça bem.

Os casais felizes fazem com que a comunicação seja tão profunda que se desejam permanentemente, abandonando-se um ao outro e tornando realidade, nos sentimentos, a expressão do Cântico dos Cânticos: "Beije-me com os beijos de sua boca! Seus amores são melhores do que o vinho, o odor de seus perfumes é suave, seu nome é como óleo escorrendo".

Para o casal dialogar

1. Quais são os motivos pelos quais não se alcança uma comunicação plena entre os cônjuges?
2. Por que, em determinadas oportunidades, é mais fácil comunicar-nos com alguém que não pertence à família do que com o próprio cônjuge?
3. Quanto a nós: aceitamo-nos mutuamente como somos? Mostramo-nos ao outro como somos?
4. Qual a experiência compartilhada que recordamos com mais intensidade?

Para orar juntos

Senhor Jesus,
Fizeste-nos conhecer
tudo quanto sabias do Pai;
ajuda-nos a mostrar ao outro

nossa verdadeira imagem,
por meio de uma comunicação
plena e sincera.
Que aprendamos a explorar
todos os sentidos,
a fim de que, por intermédio deles,
nosso casamento venha a ser enriquecido
com uma excelente comunicação.
Que jamais, Senhor,
tenhamos medo de que o outro
nos conheça tal como somos.
Ajuda-nos a nos comunicar cada vez melhor,
para que cresça o amor.

Amém.

Manifestações de amor

*A formosura do cônjuge
faz a alegria do outro.*

(cf. Eclo 26,16)

O amor manifesta-se por meio de seus sinais diários. Por essa razão é importante criar o compromisso do sinal do amor para cada dia. O amor não é algo que se sinta e se guarde no interior, mas que, essencialmente, deve ser expresso, comunicado. O amor é algo que se realiza.

Demonstrar dia-a-dia pequenos sinais de afeto é uma das coisas que podem ser feitas para manter vivo o amor, para que se conserve saudável e cresça.

Há dias em que o trabalho, os problemas com os filhos e outras circunstâncias não permitem encontrar o tempo favorável e oportuno para o agradável diálogo entre o casal. Certamente, porém, existem nesses dias milhares de possibilidades para a comunicação, como também para as expressões de afeto. Uma demonstração de amor durante o dia não toma muito tempo. Necessita-se somente amar, para expressá-lo e torná-lo visível e palpável. Os sinais do amor são pequenos detalhes que contêm em si mesmos a expressão do afeto, o apreço pelo outro. Por que, às vezes, os sinais de amor não aparecem? Será que não sabemos expressá-lo ou a rotina e o hábito foram extinguindo o amor?

Os sinais do amor são uma revelação da energia do amor que está dentro de cada um. Quando um vive junto do outro, essa energia se intercomunica incessantemente.

Podemos dizer que o amor tem seu próprio ritual, que é formado pelos sinais do amor. Tais sinais constituem um testemunho vivo e indiscutível do amor matrimonial. São como sacramentos, símbolos de algo que nos transcende. São como fios sutis que vão amarrando os esposos, fazendo com que sejam, mais e mais, um só. Todos esses gestos passam pela capacidade de comunicação e expressam o interior. O corpo está a serviço do espírito e do coração, motivo pelo qual dizemos que a ausência de contato físico é a morte de qualquer relação humana. No caso dos esposos, todavia, não implica somente uma relação íntima, já que freqüentemente uma piscadela cúmplice ou um sorriso contêm uma mensagem afetiva maior que uma demonstração sexual propriamente dita.

É possível que tenhamos perdido a espontaneidade dos sinais do amor. Como proceder para recomeçar? Muito simples. Diariamente, cada um deve se perguntar: "Como poderei demonstrar, concretamente, meu amor de esposo(a)?". Podem ocorrer-lhes inúmeras maneiras; mas, se não surgir nenhuma, segue aqui uma lista de sugestões:

Sinais de amor que os esposos podem oferecer a suas esposas

- Dar-lhe um beijo ou abraço, com ternura: pela manhã, ou na volta do trabalho, ou simplesmente porque a quer muito.
- Permitir-lhe dormir uma hora a mais pela manhã.
- Servir-lhe o café da manhã na cama.
- Do trabalho, dar um telefonema.
- Levar-lhe uma flor... ou enviar-lhe um ramalhete de flores, sem motivo especial.
- Esboçar com os olhos um "sorriso cúmplice".
- Tocá-la e tomá-la nos braços.

- Fazer-lhe uma surpresa, aparecendo com um presentinho.
- Deixar-lhe uma mensagem de amor sobre a mesa ou num lugar especial.
- Encontrar tempo para acompanhá-la a algum lugar especial.
- Dizer-lhe que está linda.
- Dizer que algum enfeite ou roupa fica-lhe bem.
- Ajudá-la em algo de que necessita.
- Fazer algo juntos: jogar, rezar, viajar etc.
- Sacrificar algo pessoal para agradá-la.
- Mandar-lhe alguns "recadinhos".
- Ocupar-se dos problemas da casa.
- Ajudá-la no trabalho doméstico: lavar a louça, varrer, cozinhar, arrumar a cama.
- Convidá-la para comer fora.
- Conversar carinhosamente com ela, após o jantar.
- Pedir perdão, quando necessário.
- Sair com ela para caminhar, de mãos dadas.

Sinais de amor que as esposas podem oferecer a seus esposos

- Abraçá-lo e beijá-lo a qualquer momento.
- Preparar o café da manhã e compartilhá-lo antes que ele vá para o trabalho.
- Levar-lhe o café da manhã na cama em dia de descanso ou no domingo.
- Chamá-lo por telefone para dizer-lhe "eu quero você".
- Ajudá-lo para que tenha tempo para ler o jornal ou assistir ao noticiário da televisão.
- Quando está cansado... procurar compartilhar.
- Presentear-lhe com algo, sem motivo especial.

- Escrever-lhe um bilhete carinhoso, para que o veja pela manhã.
- Enviar uma carta de amor, pelo correio, para o seu local de trabalho.
- Aliviá-lo de algum peso, quando tem muito trabalho.
- Ser terna e carinhosa.
- Deixar-lhe algo pessoal, para agradá-lo.
- Cozinhar o que ele gosta (seu prato preferido).
- Depois do jantar, convidá-lo a compartilhar um café e um diálogo terno.
- Preparar-lhe o banho, quando voltar cansado.
- Escutá-lo (sem fazer outra coisa), quando lhe explicar o ocorrido no dia.
- Executar as atividades que não agradam a ele.
- Ajudá-lo em algo de que necessitar.
- Fazer-lhe alguma confidência, contar-lhe algo íntimo.

Para o casal dialogar

1. Por que, na maioria dos casamentos, diminuem as expressões de carinho tão comuns durante o namoro?
2. Somos afetuosos entre nós?
3. Se nos falta mais expressão, qual é a causa?
4. Qual dos seus gestos de hoje me agradou mais?
5. Em seu íntimo, cada um se proponha uma surpresa para amanhã.

Para orar juntos

Senhor, tu nos criaste com capacidade de comunicação,
para expressar nossos pensamentos,
decisões, sentimentos...
O nosso amor contém tudo isso,

porém está em nosso íntimo;
permite-nos expressá-lo, trazê-lo à luz,
manifestá-lo por meio dos sinais do amor.

Obrigado, Senhor, porque também tu
utilizaste sinais de amor para dizer-nos
que nos amavas. Ajuda-nos, para que não desperdicemos
esse poderoso meio de comunicação
entre nós, que são os sinais de amor.
Que eles, como fios sutis,
teçam entre nós
o único manto: o amor.

Amém.

Os que amam dialogam

*Sua boca é um vinho delicioso
que se derrama na minha...*

(Ct 7,10)

Para dialogar, o primeiro requisito necessário é a atitude de diálogo, ou seja, a decisão de buscar a verdade, mas não a "minha verdade", nem querer impor-se ao outro. Em poucas palavras: é a busca da verdade entre os cônjuges.

Por que tem de ser uma busca da verdade entre os dois? Por que não é suficiente que um pense pelos dois? Porque, efetivamente, todos nós aceitamos na vida uma série de verdades que outros pensaram por nós.

Não se trata da solução de um problema matemático ou científico que, normalmente, tem somente uma solução, a qual não admite negociação. Dois mais dois são quatro e não posso negociar outro resultado, dizendo que são 3,5 ou 3,999. São quatro, e ponto final. Não ocorre o mesmo no matrimônio, em que, muitas vezes, dois mais dois não são quatro, mas 2,5 ou 3,5; aqui, cada problema pode ter uma gama de soluções possíveis e é preciso averiguar qual delas é a melhor.

Ocorre que aqui a solução tem de valer para os dois; no diálogo, não se trata de buscar "minha" verdade, mas "nossa" verdade: a dos dois, que é uma verdade composta pela verdade de um e pela verdade do outro. Para tanto, faz-se necessário analisar o que afeta a cada um, cada uma das possíveis soluções.

Mesmo para decidir uma coisa simples como, por exemplo, escolher um filme ou um programa de televisão, é preciso tomar em consideração o que significa para cada um o filme ou o programa, sua situação psicológica etc. E isso, sem falar em problemas um pouco mais complicados, tais como o número de vezes que os dois ou um deles deve visitar sua família ou a família do outro. Poderíamos multiplicar os casos, em escala ascendente.

Porém, naturalmente, não posso saber até que ponto um problema afeta a alguém, sem que isso me seja dito. Os casais enganam-se muitíssimas vezes, acreditando saber como se sente o outro e de que maneira determinado problema o afeta. Mas não se dão conta de que, ao julgar essa situação, não abandonam seu ponto de vista masculino ou feminino, a educação recebida, seu caráter etc. Quantas vezes ouvimos os esposos dizerem, depois uma crise no casamento: "Eu não acreditava que isso significava tanto para você". Evidentemente, se ele se sente bem indo visitar seus pais todos os domingos, irá pensar que para a esposa está bem assim, principalmente se ela se cala.

Pois bem, para que eu saiba de que maneira o problema afeta o outro, o outro terá de me dizer; e, para que o outro possa dizê-lo, terei de escutá-lo, procurando compreender tudo quanto me diz. No entanto, aqui está o ponto em que a esmagadora maioria dos diálogos se estilhaçam. Tudo corre bem enquanto um não diz algo que contrarie o outro; porém, tão logo isso acontece, este salta como uma mola para refutá-lo. E é onde acaba o diálogo, porque o outro naturalmente se defende e, a partir desse momento, os dois deixam de ser interlocutores para se tornarem adversários: cada um se torna para o outro um inimigo que tem de ser derrotado. O diálogo transformou-se em discussão; a partir daí, já não se examina mais a parte de verdade do que o outro diz, mas o que pode haver de falso. Assim sendo, no tempo em que parece que estão ouvindo em silêncio, na realidade não escutam, pois estão pensando somente em como refutar e confundir o outro. Por isso, a primeira condição necessária é resistir à tentação de refutar imediatamente: a correção instantânea. E isso mesmo que o outro esteja fazendo afirmações absurdas, porque, nesse caso, é preciso averiguar por que faz isso. Isso significa que é preciso ouvir até o final e, longe de interromper para refutar, o que se há de fazer é formular perguntas para que o outro acabe de desabafar, para saber por que disse o que disse.

Quem não for capaz de resistir à tentação da "refutação instantânea" não pode dialogar. Além disso, apenas com perguntas inteligentes poderá ajudar para que os sentimentos do outro cônjuge venham à luz. Se assim não for, automaticamente, o diálogo converte-se em discussão.

Pode acontecer também que o outro, por não querer discutir, cale-se e faça um gesto de resignação, convencido de que o diálogo com seu consorte é impossível. E assim, depois de várias e inúteis tentativas, pode ocorrer que renuncie ao diálogo como meio para solucionar os problemas matrimoniais. No mesmo caso, temos outros casamentos vítimas desse câncer tão generalizado entre as pessoas casadas: a falta de comunicação. Morrem mais casamentos por falta de comunicação do que por qualquer outra enfermidade.

Duas pessoas, vivendo na mesma casa, convertem-se em dois estranhos um para o outro. Desse modo, não existe matrimônio que subsista, e tudo por não saber escutar. Pergunto, então, às pessoas: o que aconteceria se eu procurasse um médico, sacerdote ou advogado para expor um problema, e ele, em troca, logo na exposição do primeiro ponto me tolhesse, não me deixasse falar e, como se não bastasse, me repreendesse com severidade?

É absolutamente certo que, se pudesse, não voltaria a esse médico, sacerdote ou advogado. É exatamente o que acontece em muitos casamentos: os cônjuges experimentam uma e outra vez; porém, ao constatar que um não é ouvido sem que o outro o interrompa imediatamente, desanimam e renunciam para sempre ao diálogo. Chega, então, um dia em que ambos não mais conseguem agüentar o rancor acumulado e explodem, tanto eles quanto o casamento.

Do mesmo modo procedem muitos pais com seus filhos. E depois se queixam de que os filhos não confiam neles. E como poderiam confiar, se tão logo começam a se explicar — e muitas vezes ainda antes de começar — os pais já caem sobre eles com gritos, reprimendas e acusações? Naturalmente, afastam-se e não voltam a procurar seus pais por problema algum. E, não obstante, estes querem que seus filhos tenham confiança neles!

O problema pode ser considerado de outra maneira: não é preciso que seja com palavras, pode-se fazê-lo com gestos. No saber escutar, inclui-se a atitude de ouvir o filho como se estivesse dizendo algo absolutamente normal; saber ouvir até mesmo os maiores disparates como quem escuta a chuva cair. A criança, enquanto conta algo, observa o tempo todo o rosto de seu pai ou de sua mãe para verificar se, pelos gestos, pode deduzir a impressão que sua confissão está causando e quando percebe um gesto de desagrado, desaprovação ou indignação, pára por ali mesmo, ou prossegue, porém ocultando, na continuação, aquilo que poderia desagradar a seus pais.

Dialogar, escutar... parece tão fácil... Na prática não é tão simples. Porém, não somente é urgente e necessário, mas vital, porque salva e ajuda casamentos e famílias a crescer.

Para o casal dialogar

1. Por que muitas vezes nos fechamos na "minha verdade", em vez de buscar "nossa verdade"?
2. Deixamos que o outro compartilhe nossos sentimentos? Se não o fazemos, quais são os obstáculos que o impedem?
3. Somos suficientemente abertos para que o outro possa nos conhecer?
4. Existe em algum de nós a tentação de refutar de imediato, enquanto estamos dialogando?
5. Em algum momento de nossa vida chegamos a nos sentir estranhos em nossa própria casa?

Para orar juntos

Senhor Jesus,
sabemos que, pelo sacramento do matrimônio,
tu estás presente em nosso meio,
e que a partir do coração de nosso cônjuge desejas
incessantemente comunicar-nos teu Espírito, quando,
entre nós, abrimos nossa interioridade por meio do diálogo.

Ajuda-nos a dialogar profundamente,
e que, ao fazê-lo, busquemos a verdade,
que consiste em encontrar-te,
a ti mesmo, verdade suprema.
Que, ao dialogar, nos deixemos conduzir por teu Espírito,
para percorrer o caminho do diálogo
em liberdade, paz, serenidade e abertura.
Dessa maneira, ajudaremos nossos filhos
a conhecer o verdadeiro diálogo.

Amém.

Comunicação ou incomunicação

Deixe-me ouvir sua voz, porque sua voz é doce e sua fala melodiosa.

(cf. Ct 2,14; 4,3)

Quando as esposas falam de seus esposos, é muito provável que cheguem a esta conclusão: "Eu me casei com um túmulo"; "Se lhe pergunto alguma coisa, responde-me: 'sim', 'não', 'nada', 'bem'..."; "É muito difícil conseguir que ele fale alguma coisa".

Se invertermos a situação, pode ser que, quanto a elas, a opinião dos esposos seja esta: "Casei-me com uma mulher que fala e fala... a tal ponto que, se ela se calar, talvez saiam letreiros dela...". Com o agravante de que, usualmente, confunde-se a maior predisposição da mulher para dialogar com a idéia de que a esposa que fala muito, geralmente, aborda assuntos totalmente superficiais.

É evidente que o modelo educativo a nós transmitido por nossos pais pesa demasiadamente; tanto é assim que, consciente ou inconscientemente, repetimos na vida matrimonial o que vivenciamos no lar de origem. Por essa razão, não são de se estranhar as respostas evasivas: ao "Como você se saiu"?, "Bem..."; ou, ao "Que acontece com você?", "Nada...".

A verdade é que nós, homens e mulheres, fomos educados de maneira distinta, embora vivendo sob o mesmo teto e sendo irmãos. Aos homens foi dito reiteradas vezes, e isso durante muitas gerações: "Não chore, os homens não choram". Com essa pequena frase e outras semelhantes, diziam (e também minha mãe o dizia): "Filho, não demonstre seus sentimentos". Dessa forma, estavam amputando, delimitando uma parte valiosa de nosso ser, muito importante para o futuro das relações interpessoais, especialmente no que diz respeito à vida de casal.

Por outro lado, na educação da mulher, parece que a ordem era que ela não somente podia, mas devia expressar continuamente seus sentimentos; em conseqüência, geralmente, quando a mulher ganha, chora; quando perde, chora e quando empata, também chora. Cumpre-lhe exteriorizar a cada momento o que está sentindo.

A cultura, em certo sentido, parecia querer reforçar o que acontece na natureza: que o homem tem menos capacidade e necessidade de expressar sentimentos do que a mulher.

Na vida matrimonial isso tem grandes implicações; num sentido geral, os cônjuges ficam embaraçados diante das atitudes do outro, decepcionam-se e, mais tarde, toda a ilusão da "relação perfeita" se desapruma para dar lugar ao que criticávamos em nossos pais. Nesse plano, tudo é possível: períodos de silêncio, sentimentos de insegurança... Fica apenas a lembrança dos melhores tempos com o texto do Cântico dos Cânticos: "Deixe-me ouvir sua voz, porque sua voz é doce e sua fala melodiosa".

No entanto, a realidade é outra: "Como mudou! Antes era tão meticuloso, tão carinhoso, tão terno", diz ela. E ele: "Quem entende as mulheres? Tenho tanto trabalho! Além disso, ela fala demais...".

Começa a ser difícil sintonizarem o mesmo ideal para se entenderem, daí a sensação de que já não se compreendem "como no princípio". A essa altura, pode começar a infidelidade, certamente por inúmeros caminhos: o trabalho, os amigos, a televisão, outra pessoa, o dinheiro etc. A separação não ocorre apenas quando "já não nos amamos mais", pois também o distanciamento emocional é uma separação real, que normalmente se manifesta por meio da rotina depressiva de estar um ao lado do outro; rompe-se a comunhão, tudo é dominado pela solidão. Essa solidão obscura que corrói, que causa amargor, que torna o casamento infeliz.

Existe, acaso, solidão mais angustiante para um ser humano do que se deitar e acordar ao lado do cônjuge, dia após dia, sem ser capaz de dizer-lhe "boa noite" ou "bom dia"? E que dizer da comunicação não-verbal, aquela que quase faz pedir desculpas ao outro por tê-lo tocado involuntariamente? Em alguns casamentos, essa comunicação, que antes surgia espontaneamente, encontra-se agora extremamente distante.

Como dizíamos, o "como você se saiu?... bem" ou o "o que acontece com você?... nada" é algo herdado, motivo pelo qual existe o perigo de transmiti-lo às novas gerações. Portanto, esforcemo-nos por romper esse círculo vicioso que destrói a família em todas as partes. Dialoguemos! De outro modo, perde o casal, perde a família, perdem os filhos, perde a sociedade. Faz-se necessário experimentar novos caminhos que induzam à consciência de que não nos casamos para competir, mas para conviver, para compartilhar: para servir generosa e desinteressadamente o outro, com tudo quanto somos, com tudo quanto sentimos, com tudo quanto possuímos.

Muitos são de opinião que "o matrimônio é o túmulo do amor". Demonstremos que, tanto quanto no namoro ou nos primeiros tempos de casados, desejamos sempre o que lemos no Cântico dos Cânticos: "Deixe-me ouvir sua voz, porque sua voz é doce e sua fala melodiosa".

Tanto o homem como a mulher necessitam conhecer-se pessoalmente, mutuamente (pensamentos, sentimentos), ter a boa vontade de construir a vida a dois. Esta não depende da sorte ou do destino; depende de um homem e de uma mulher que, por amor, assumiram o projeto comum de caminhar juntos. Aqui se manifesta a contribuição do diálogo; caso contrário, serão dois caminhando justapostos. Os grandes beneficiários de um novo estilo de relacionamento conjugal são os filhos, para os quais desejamos não a inútil repetição de um relacionamento insípido e árido, mas o exemplo cotidiano de gratidão, esforço e sacrifício, fruto de um amor predestinado a crescer sempre, concreto em suas realizações, sobretudo por meio do prazer do diálogo.

Somente assim teremos lares novos, filhos renovados que, por sua vez, terão algo a dizer e mostrar, num mundo complexo e plural que clama por justiça, solidariedade e paz; um mundo cujo berço é a família, essa realidade que nasceu de um homem e de uma mulher desejosos de compartilhar amor e de portar-se em consonância com esse amor. Porque o mínimo a que aspira um casal quando se une pelo matrimônio é que sua relação seja duradoura, estável, fecunda, feliz... tendo o diálogo como base de tudo isso e, ao mesmo tempo, como expressão de amor. Isso faz com que, na vida matrimonial, se ouça com prazer tanto os temas agradáveis quanto os amargos, porque a voz do amado "é doce e sua fala melodiosa".

Para o casal dialogar

1. Usamos com freqüência, em nosso matrimônio, frases lacônicas, evasivas, que não permitem a continuidade do diálogo, tais como "sim", "não", "bem", "nada"?
2. Qual de nós dois expressa mais plenamente seus sentimentos? Quando falamos muito, nossa temática é superficial ou profunda?
3. Como conseguir, nos dias de hoje, considerar "doce e melodiosa" a fala do outro?

Para orar juntos

Senhor Jesus,
a expressão
do Cântico dos Cânticos
demonstra com quanta doçura
e ternura a Igreja dialoga contigo,
especialmente ouvindo tua doce palavra.

Quando éramos namorados,
gozávamos sempre
da "doce e melodiosa" fala do amado;
talvez hoje não o consideremos tanto assim;
os problemas cotidianos,
a atividade das mil e uma coisas,
a rotina que o amor muitas vezes reconhece,
o pouco tempo que dedicamos
um para o outro
fazem certamente com que a fala e o silêncio
de nosso amado
sejam-nos quase indiferentes.

Ajuda-nos a não acostumar
nossos ouvidos ao som do outro,

que cada uma de suas palavras e seus gestos
encontrem em nós
a capacidade de admiração
como se fossem os primeiros.

Dessa maneira,
nós nos aprofundaremos cada vez mais no diálogo
e ensinaremos nossos filhos a dialogar
e expressar seus sentimentos.

Senhor, que descubramos
que ao compartilhar nossos espíritos
comungamos também contigo.

Amém.

Partilha dos sentimentos

*Eu já não chamo vocês de empregados,
pois o empregado não sabe
o que seu patrão faz;
eu chamo vocês de amigos,
porque eu comuniquei a vocês
tudo o que ouvi de meu Pai.*

(Jo 15,15)

Jesus nos chama amigos, porque abriu o coração para que nele pudéssemos penetrar e conhecer sua mensagem. Os cônjuges devem abrir o coração para permitir que o outro conheça tudo quanto há nele. O coração, em especial, guarda os sentimentos como um tesouro. Por essa razão, é preciso compartilhar os sentimentos.

Há muitos casais que se contentam com um diálogo em que apenas se comentam coisas. Contam tudo; nada do que viveram durante a jornada fica sem ser comentado. O que aconteceu no trabalho, as pessoas com quem se relacionaram, os problemas dos filhos, as notícias que ouviram, enfim, tudo... Mas esse "tudo" basta? Paula comentava que seu marido José não a queria mais, porque antes dialogavam muitíssimo, porém agora ele nada mais comentava e tudo quanto tinha para compartilhar era um prolongado e sugestivo silêncio. José, por sua vez, fazia notar que não era que não quisesse mais, mas que, depois da aposentadoria, ele ficava o dia todo com ela e por isso perguntava: "De que vou falar, se ela vê tudo o que faço?". Dialogavam, sim; mas era um diálogo que necessitava de notícias para não ficar sem assunto e extinguir-se, como finalmente aconteceu. O que faltava? Compartilhar os sentimentos.

Os sentimentos são um sexto sentido, aquele que interpreta, ordena, dirige e resume os outros cinco. Os sentimentos nos advertem se o que experimentamos é ameaçador, doloroso, lamentável, triste ou alegre, regozijante, reconfortante. Podem ser descobertos e explicados de maneira simples e direta, já que neles nada há de místico ou mágico. Envolvem uma linguagem toda própria. Quando os casais falam de seus sentimentos, vêem-se obrigados a escutar, e, por vezes, o que o outro lhes comunica leva-os a agir. Não ter consciência dos próprios sentimentos, não os entender ou não saber como utilizá-los e expressá-los no diálogo conjugal é pior que a cegueira, a surdez ou a paralisia.

A linguagem dos sentimentos é o meio pelo qual nos relacionamos conosco mesmos. Se não pudermos nos comunicar conosco mesmos, não poderemos nos comunicar com os demais e tampouco com o cônjuge.

Os sentimentos constituem a forma pela qual percebemos nosso ser, o mundo que nos rodeia. Funcionam como uma ligação entre o eu e o mundo, para os casados, seu casamento e sua família. Quantos elementos são experimentados cotidianamente e que produzem um sentimento no compartilhar dos casais? Haverá permuta de tudo isso no diálogo? Abrirão plenamente seus corações para que o outro possa penetrar no recinto do tesouro dos sentimentos?

Compreender os próprios sentimentos e permitir que fluam no diálogo conjugal fará com que os cônjuges cheguem a transformar-se em pessoas mais elevadas, mais criadoras e mais produtivas.

Pessoas mais elevadas, porque, ao realizar um diálogo completo, compartilham também os sentimentos negativos, livrando o companheiro do peso que estes sentimentos produzem quando permanecem fechados no íntimo, adoecendo o coração.

Pessoas mais criadoras, porque, ao compartilhar os sentimentos de maneira positiva, o próprio ser e o do cônjuge se realizam, contribuindo assim na tarefa criadora de fazer a felicidade do outro.

Pessoas mais produtivas, porque num clima de diálogo e confiança não existe necessidade de impedir que os sentimentos se exteriorizem; ao contrário, revigoram-se as forças ao expressá-los com naturalidade.

Os esposos que dirigem os sentimentos e dialogam sobre eles fruem a verdade, não havendo necessidade de fingir nem mentir. Os sentimentos são a verdade. Quão frutífero é o diálogo com eles!

Para o casal dialogar

1. Compartilhamos os sentimentos ou nosso diálogo reduz-se simplesmente a "comentários"?
2. De que modo podemos nos ajudar a compartilhar e dialogar mais sobre os sentimentos?
3. Em que momento lembramos com alegria que compartilhamos plenamente os sentimentos?

Para orar juntos

Senhor Jesus,
ao fazer-te homem,
tiveste sentimentos,
os quais compartilhaste conosco,
dando-nos a oportunidade de conhecer-te mais e melhor.

Nós dois vamos caminhando juntos
em busca da felicidade;
ajuda-nos a compartilhar sempre nossos sentimentos;
que a intimidade de cada um
não esteja fechada para o outro.
Teremos, assim, a possibilidade
de conhecer-nos cada dia mais,
de aprofundar nosso diálogo,
de abandonar-nos no mais íntimo do outro,
de tornar nosso amor cada vez maior.

Senhor, onde existe verdade, aí estás;
onde há sentimentos, há verdade.
Sê nosso guia no diálogo de sentimentos,
para que possamos viver na verdade.

Amém.

O amor e o dinheiro

*Ninguém pode servir a dois senhores.
Porque, ou odiará a um e amará o outro,
ou será fiel a um e desprezará o outro.
Vocês não podem
servir a Deus e às riquezas.*

(Mt 6,24)

É um fato por todos reconhecido que o dinheiro tem uma notável influência no relacionamento matrimonial e familiar, especialmente em épocas de crise, a tal ponto que se torna tema de discussões, desavenças e, em muitos casos, até rupturas.

Quando falamos em dinheiro, reportamo-nos ao excesso, à escassez, à quantia justa. Além disso, nos referimos a todas as formas de receita (emprego, comércio, herança etc.), da parte de um ou dos dois cônjuges. O problema está na maneira como se usa e gasta o dinheiro, dado que, evidentemente, essa é uma pauta a mais na vida em comum e, como tal, deve ser discutida com clareza desde o namoro e avaliada no transcurso da vida matrimonial.

Existem casamentos em que jamais se menciona o tema. Geralmente, um dos dois o administra, jamais consulta o outro antes de uma compra que decide por si só, sequer permite que o outro possa expressar uma idéia, porque a refutará. A outra parte cala por temor, para não haver aborrecimento nem reações violentas. Outras vezes não se dialoga por "respeito ou delicadeza": "o que irá pensar de mim se falarmos sobre isso" ou "em minha casa nunca se costuma falar em dinheiro...".

Outros casais, ao abordar o tema, tomam diferentes atitudes:

- Mentem: não permitem ao outro que conheça com exatidão as receitas ou o valor real de uma compra.
- Terminam brigando: talvez não aconteça o mesmo em todos os assuntos, mas quanto ao dinheiro nunca chegam a um acordo.
- Censuram-se e humilham-se: eu mesmo já ouvi uma esposa humilhando seu marido "porque ele ganha pouco". Como era assalariado, não dependia dele ganhar mais ou, então, menos.
- São exigentes: exigem sempre do outro que lhes compre isto ou lhes arranje aquilo, impondo gastos sem saber se realmente são possíveis.
- São fantasiosos e sonhadores. Conhecemos muitos que se apóiam em um "futuro ilusório" e buscam permanentemente acalmar a ansiedade ou a preocupação do outro com "contos de fadas", mas nunca resolvem nada.

Existem casais que carregam em si diferenças muito marcantes, caracterizando-se por visões totalmente opostas:

- o sovina e o mão-aberta;
- o que ostenta e o que "se mostra como é";
- o que vem de uma família "abastada" e o de uma família "pobre";
- o que vive "sem dívidas" e o que "deve a meio mundo";
- o que "mede e calcula" tudo e o que gasta "milhões" sem motivo...

Além do mais, em muitas circunstâncias, o dinheiro é utilizado como arma contra o outro, ou em sinal de indiferença pelas necessidades do outro, ou ainda como forma de pressão. Exemplos:

O dinheiro:
- Se estiverem brigados, "não há dinheiro".
- Em vez de pedir perdão, é mais fácil aparecer com um "presente caro".

O indiferente:
- Tem dinheiro para todos, menos para sua esposa e família.
- Aquele que é regido pela "cota fixa". Aconteça o que acontecer, a quantia dada "tem de ser suficiente".
- "Eu gasto porque ganho; se quiser, que trabalhe."

O que pressiona:
- "Não tenho o que vestir..." (as roupas são antiquadas ou fora de moda).
- "Se eu soubesse o que me esperava...".
- "Se mudasse de emprego...".
- "Se fosse mais empreendedor(a)...".
- "Mamãe já me dizia...".
- "Pare, os vizinhos...".

É possível que nos identifiquemos com algumas das expressões anteriores, e isso exigirá que dialoguemos, para superar-nos e crescer. É preciso dar importância à administração do dinheiro quando se vive junto.

No diálogo acerca do dinheiro, o tema deve ser envolvido por uma atitude de abertura e sinceridade. Isso ajudará o casal a entender suas próprias expectativas e necessidades, a fim de chegar a acordos permanentes nesse terreno, para que o dinheiro não provoque interferências no bom andamento do relacionamento. O dinheiro deve estar subordinado ao amor, porque não podemos servir a dois senhores... mas somente ao amor.

Para o casal dialogar

1. Como poderíamos classificar nossa relação com o dinheiro?
2. Dialogamos sobre nosso dinheiro e como gastá-lo ou aplicá-lo?
3. Encontramos alguma falha na administração de nosso dinheiro?
4. Formamos nossos filhos na austeridade e na generosidade ou no desperdício e no consumismo?

Para orar juntos

Senhor Jesus,
tu nos deste as coisas do mundo
para que as administrássemos;
entre elas, o dinheiro que chega
a nosso lar,
como fruto do trabalho.

Ajuda-nos a descobrir
que não existe "meu dinheiro"
nem "teu dinheiro", mas "nosso dinheiro";
que saibamos ser pobres nas coisas pessoais,
para considerar o patrimônio comum da família.

Por último, Senhor,
não permitas que a avareza se instale
em nossos corações.
Permite que, em casa,
o maior valor esteja no amor.

Amém.

Quando o amor depende do possuir

> *Então o Espírito conduziu Jesus ao deserto, para ser tentado pelo diabo. Jesus jejuou durante quarenta dias e quarenta noites, e, depois disso, sentiu fome. Então, o tentador se aproximou e disse a Jesus: "Se tu és o Filho de Deus, manda que essas pedras se tornem pães!". Mas Jesus respondeu: "A Escritura diz: Não só de pão vive o homem, mas de toda palavra que sai da boca de Deus".*
>
> (Mt 4,1-4)

A tentação pode provir do próprio coração do homem ou de uma sedução externa que deseja mudar o rumo, perturbar, tirar a paz e a tranqüilidade de quem se sente feliz. Cristo passou pela insinuação externa. Em nós, a tentação é sinal de fraqueza, de insegurança, de possível queda. A tentação de Jesus é expressão de segurança, de força e energia, de absoluta clareza quanto ao objetivo de sua missão. Este último pode surgir também em nós, cumprindo-nos conquistar o triunfo do amor, mesmo diante das possíveis tentações.

"Não só de pão vive o homem." Todos nós conhecemos a expressão segundo a qual "acima do ter, está o ser". Não obstante, quantas vezes em nossa vida invertemos os valores, e a tentação do ter começa a calar profundamente, até chegar a comprometer todos os nossos esforços e ações, na simples busca do possuir. Ganância de ter as coisas que, como um verme, corrói (chegando, por vezes, a matar) o amor conjugal. Tentação do possuir: amor pelo que se tem, e não pelo que se é.

Esposos e esposas que exigem do outro somente um corpo atraente, títulos, uma situação econômica abastada. Casais que se preocupam com carro do último tipo, troca de móveis, aumento de salário, promoção de cargo no trabalho, preocupação com o luxo, com a ostentação, com as reuniões sociais.

Possuir, possuir e possuir. Para quê? Para sobressair entre os demais, para criar uma felicidade superficial, para conseguir conforto material, com o qual se oculta o desconforto íntimo dos corações. Para conseguir aquilo que parece belo, ainda que por dentro se esteja aos pedaços.

Os casais que têm pela frente apenas o objetivo de possuir constatam, geralmente, que suas tragédias e problemas são de caráter econômico. Uma crise econômica torna-se terrível, poderosa, desesperadora.

Quantas mulheres exasperam e atormentam continuadamente seus maridos! "O fulaninho foi promovido, e você não"; "o beltraninho recebeu aumento de salário, e você não"; "o que você ganha não dá para nada".

Maridos que constantemente censuram que se gasta muito em casa, mas nunca vão ao supermercado para comprovar como as coisas aumentam; ou aqueles que, tendo tudo, nada oferecem a suas esposas — como dizia alguém, obter dinheiro deles é "tirar leite de pedras".

O que deve contar é o oposto: o ser sobre o ter. O que deve interessar é a riqueza do diálogo de sentimentos, o calor do lar, a comunhão de vida, a fecundidade do amor, o tempo dedicado à família.

Oxalá sejam vocês um desses casais que conseguiram o triunfo do amor sobre a tentação do possuir, conscientizando-se de que a verdadeira riqueza está:

- em vocês mesmos;
- na profundidade do amor;
- na capacidade de entrega recíproca;
- nos filhos;
- no clima de paz e amizade do lar;
- na compreensão mútua;
- na autenticidade;
- na limpidez de seus olhos, porque neles não existe egoísmo, orgulho, avareza, hipocrisia;
- no dom do sacramento;
- no dinheiro ganho com honestidade e utilizado de acordo com um diálogo aberto e sincero.

"Não só de pão vive o homem." O matrimônio não se constrói somente com carros, dinheiro, móveis, aparências, mas, sobretudo, com o amor. Aos casais que buscam o possuir, podemos dizer:

- vocês não darão calor ao lar com belos tapetes, e sim com carinho;
- de que lhes serve um dormitório do último modelo, se nele não se colocam verdadeiros sinais de amor;
- de que valem as melhores poltronas e o carro novo, se não há vida nos corações.

Não se deixem dominar por uma sociedade de consumo sedutora e tentadora; descubram as riquezas que há em vocês e explorem-nas. Viva o triunfo do amor!

Para o casal dialogar

1. Até que ponto nosso amor depende da situação econômica?
2. Valorizamo-nos pelo que somos ou pelo que possuímos?
3. Caímos, porventura, na armadilha do consumismo?

Para orar juntos

Senhor Jesus,
foste tentado a possuir
grandes riquezas
e com grande serenidade e segurança
respondeste, salvando o objetivo
e a opção de teu messianismo:
ser servo, ser pobre entre os pobres.
O mundo nos avassala.
Incessantemente quer nos iludir
com coisas novas;
busca prender-nos
na armadilha do consumismo;
proclama que, possuindo mais,
seremos felizes;
inventa necessidades
que antes não existiam
e diz-nos até que sem elas
não podemos viver.

Salva-nos, Senhor,
não permitas que as coisas deste mundo
afoguem as idéias e anseios
de nosso amor,
que ele jamais se entregue

à tentação
da corrida louca para possuir mais.
Pedimos-te, finalmente,
que ensinemos a nossos filhos
que muito mais vale ser
do que ter coisas ou títulos.

Amém.

O amor não é feito de coisas extraordinárias

> *Então o diabo o levou à Cidade Santa, colocou-o na parte mais alta do Templo. E lhe disse: "Se tu és Filho de Deus, joga-te para baixo! Porque a Escritura diz: 'Deus ordenará aos seus anjos a teu respeito, e eles te levarão nas mãos, para que não tropeces em nenhuma pedra'". Jesus respondeu-lhe: "A Escritura também diz: 'Não tente o Senhor seu Deus'".*
>
> (Mt 4,5-7)

O amor que une o casal não pode viver somente de coisas grandes ou de sensacionalismos. Um amor que depende de coisas extraordinárias está fadado a extinguir-se. Toda a nossa vida, incluindo o amor, alimenta-se de fatos ordinários, das pequenas coisas de cada dia.

Quantas pessoas deixam-se apanhar pelo espetacular! Porém, o espetacular passa. Não se pode fundamentar uma vida de amor num único fato, num instante, por mais importante que seja. Existem muitos estilos de sensacionalismo conjugal:

- O sentimentalismo dos que acreditam que o amor tem como base as emoções, sensações, todas elas exteriores e sem profundidade, simplesmente à flor da pele. Dizia alguém, ironicamente: "O sentimentalismo não é indício de coração ardente; nada existe que chore mais copiosamente do que uma barra de gelo".

- O simplismo daqueles que esperavam do amor uma lua-de-mel eterna, um romantismo que impede a aterrissagem nos pequenos detalhes de cada dia.
- O querer voar alto, enquanto o amor é algo desta terra, com necessidade de crescer e ser fortalecido, pois é débil e frágil. No amor, é preciso manter-se com os pés fincados na terra, ser realista. O amor não pode voar, pois tem raízes que o condicionam a um crescimento lento. Não peçam ao amor algo que seja apenas sonho cor-de-rosa ou fantasia novelesca.

O amor é simples, singelo. Perpassa toda a vida. Não se trata tanto do aspecto sensacional das coisas nas quais o amor se expressa, mas do caráter sensacional do amor que se manifesta nas coisas.

O "grande" também pode nos induzir à tentação do risco. O fato de quererem-se muito quando namorados e nos primeiros tempos de casados não garante a plenitude do amor para sempre. Regar, hoje, uma plantinha não lhe garante umidade para o resto da vida. Colocam o amor em risco todos aqueles que não o cultivam nas pequenas coisas de cada dia, a fim de que cresça e se fortaleça mais e mais. "Joga-te para baixo...": o risco de acreditar-se sempre protegido, à luz de um amor do passado. É preciso amar hoje, para não arriscar uma queda no futuro.

A graça conferida pelo sacramento matrimonial não implica cruzar os braços, descuidar, arriscar, acreditando que na bênção recebida de Deus estava a segurança absoluta.

Colocam em risco o amor e o casamento os casais que:
- descuidam das pequenas atenções de um para com o outro;
- vêem coisas boas e positivas somente fora de casa;

- abandonam fisicamente seu cônjuge, não lhe fazendo sequer uma carícia;
- acreditam já estarem unidos pelo matrimônio, esquecendo-se de que é preciso conquistar-se a cada dia;
- fazem o papel de "solteiros" em reuniões sociais;
- não sabem que o pior risco está na passividade absoluta diante da grandiosidade do que deve ser construído: o amor.

Um casal jamais deve "brincar com fogo", tentar a Deus, arriscar o amor, fundamentando-o somente no sensacionalismo.

Para o casal dialogar

1. Houve sensacionalismos em nossa vida matrimonial, nos quais apoiamos o amor, e que, ao passar, deixaram-nos uma sensação de "vazio"?
2. Em que nos parece que arriscamos nosso casamento?
3. Damos importância às coisas pequenas?

Para orar juntos

Ajuda-nos, Senhor,
a não nos deixar
descuidar do matrimônio que nos presenteaste,
e a lutar constantemente
para fazer crescer e cultivar o amor.
Que não arrisquemos os dons
que nos ofereceste, assim como, também,

que não busquemos somente o sensacional,
perdendo a riqueza do cotidiano.
Ilumina-nos, para jamais tentarmos
o Senhor, nosso Deus.

Amém.

O amor não convive com o poder

O diabo tornou a levar Jesus, agora para um monte muito alto. Mostrou-lhe todos os reinos do mundo e suas riquezas. E lhe disse: "Eu te darei tudo isso, se te ajoelhares diante de mim, para me adorar". Jesus disse-lhe: "Vá embora, Satanás, porque a Escritura diz: 'Você adorará ao Senhor seu Deus e somente a ele servirá'".

(Mt 4,8-10)

Jesus foi tentado a possuir um poder terreno. Tentação esta que muitas vezes penetra em nós e também nos lares. "Em casa, mando eu!"; "Quem veste as calças sou eu!"; "Aqui, quem dá as ordens sou eu!". Quantas vezes ouvem-se essas expressões em muitas famílias! Demonstram um afã de poder, de dominação, de querer colocar o outro a seu serviço.

A tentação de dominar o outro é uma das mais comuns na vida dos seres humanos. No fundo, o desejo de dominar é sinal de fraqueza pessoal, mesmo quando se apresenta como um sinal de força. A tentação de poder ocorreu em todos os tempos e existe em todos os âmbitos: político, econômico, cultural, espiritual. Também a encontramos na vida amorosa dos casais.

A tentação de dominar é muito perigosa em todos os campos de ação, já que induz a considerar o outro como coisa, a querer colocar todos a seu próprio serviço. Assim se criam os despotismos, totalitarismos, tiranias, escravaturas. Além de perigoso, tudo isso é contraditório em relação àquela vida em que o essencial é o amor. Um amor que se define como estando ao completo serviço da felicidade do outro.

- Em um matrimônio em que se vive plenamente o amor, não existem "manda-chuvas".
- Onde há busca da harmonia conjugal, não iremos encontrar um girando em torno do outro, como "satélite".
- Onde existe diálogo e capacidade de escuta, não encontraremos a imposição.
- Onde a carícia, como expressão do "eu amo você", é abundante, não há lugar para o tratamento do outro como objeto.
- Onde habita o perdão, não há lugar para a prepotência da censura.
- Onde se vive a sexualidade em sua plenitude, na intimidade se "faz o amor" e não "a guerra" de quem busca apenas seu próprio prazer.
- Onde se ora em comum, buscando a construção do "nós", não encontraremos a tirania dos "eu".

O único dono dos dois é o amor. Não obstante, esse instinto egoísta do poder pode surgir como uma sutil tentação no matrimônio.

Esposos:
- que se consideram donos de suas esposas, pensando que podem fazer o que quiserem com elas, quando e como quiserem;
- que não compartilham seu dinheiro, porque são os "únicos" donos daquilo que ganharam;
- que se consideram donos de seus horários, de seu tempo livre e, por vezes, com direito a ter "aventuras";

- que acreditam poder tomar todas as decisões unilateralmente.

Esposas:

- donas de seus maridos por um sentimento possessivo, que afoga e asfixia toda liberdade;
- donas do tempo de seus esposos, tomadas de ciúmes absurdos, que as levam a fiscalizá-lo em tudo (onde esteve? O que fez? Com quem?...); esposas que parecem ter estudado para ser detetive ou agente secreto;
- donas e selecionadoras das amizades do esposo, de seus companheiros de trabalho, de seus gostos.

Com esposas assim, os maridos sofrem, em termos futebolísticos, uma pesada marcação "homem a homem".

Nos homens, a ânsia de poder em geral é fruto de uma desviada educação machista ou do complexo de superioridade (que alguns denominam inferioridade). Nas mulheres, habitualmente é fruto do querer construir lares "matriarcais" (tudo gira em torno da mãe), ou do complexo de medo, de insegurança, de temor, que devem ser substituídos. Em ambos, porém, há uma causa mais profunda: a falta de um autêntico e verdadeiro amor, uma vez que, como dizia são Paulo, "o amor tudo desculpa, tudo crê, tudo espera, tudo suporta" (cf. 1Cor 13,7). Um amor que duvida, ou um amor que domina, automaticamente, deixa de ser amor.

Quem busca a qualquer custo a felicidade de seu amado, ao longo de sua vida, está gritando, como Jesus: "Vá embora, Satanás!".

Para o casal dialogar

1. Com que gesto cada um de nós expressa seu desejo de domínio?
2. O que necessitamos, um do outro, como ajuda para superar a tentação de dominar?

Para orar juntos

Senhor Jesus,
descobriste a tentação e te defendeste
com a força da Palavra do Pai.
Essa mesma Palavra
nos ensina o verdadeiro caminho do amor,
a maneira de fazer o outro feliz,
o modo como conseguir uma atitude de permanente
serviço ao amado.
Ajuda-nos, para que essa Palavra
penetre em nós, tornando-nos fortes
para enfrentar a tentação,
fruto da fraqueza
de querer dominar, mandar,
afogar a liberdade do outro.

Guia-nos, para que jamais
adoremos o "eu",
e consigamos tornar realidade
tua Palavra: "Adorarás o Senhor,
teu Deus, e somente a ele servirás".

Sabemos que contigo
o amor o conseguirá.

Amém.

Ciúmes:
os destruidores do amor

*Não tenha ciúmes da esposa que você ama,
para que ela não aprenda a maltratá-lo.*

(Eclo 9,1)

É preciso reconhecer que a maioria das pessoas já sentiu ciúmes alguma vez. Os ciúmes são um sinal de alarme quando alguma coisa não vai bem no relacionamento do casal. Quase sempre os ciúmes são motivo de conflitos e tensões, de discussões infindas, quando manifestados abertamente, ou de depressão e angústia quando, por orgulho ou medo, são sofridos em silêncio.

Os ciúmes podem ser plenamente justificados se, por exemplo, existir uma situação real de infidelidade de um dos cônjuges; ou, por outro lado, podem ser fruto de nossa imaginação, sem relação alguma com a realidade. Os ciúmes, em sua justa medida, de algum modo fazem parte do amor; entretanto, quando são graves e sem fundamento na realidade prejudicam a vida matrimonial. Estamos diante de uma doença.

Geralmente, podemos dizer que os ciúmes surgem sempre que o ego sofre ante a ameaça (real ou fictícia) de perder o afeto da pessoa amada. Talvez seja resultado de dependência afetiva ou de conflitos não resolvidos nas primeiras etapas de nosso desenvolvimento. Quem tem ciúmes, inconscientemente, acredita que, se for trocado por outro no pensamento do ser amado, perderá seu próprio valor, sua própria identidade, e cairá no abandono, na solidão, inerme e vazia. Acredita que só tem valor enquanto o outro lhe prodigaliza seu amor, sua atenção e suas carícias de forma exclusiva, contínua e total.

Por isso, é uma emoção muito agradável, especialmente por quem se sente inseguro.

Pode-se observar a imaturidade da pessoa ciumenta em seu afã da posse e no medo de perder o lugar que deseja ocupar na vida do outro, e, além disso, em sua incapacidade de entregar-se dessa mesma forma.

À medida que caminharmos rumo à maturidade — que implica conhecimento de si e do outro, objetividade, independência, capacidade de comprometer-se em dar o melhor de si e, acima de tudo, o que a outra pessoa necessita —, ou seja, à medida que formos capazes de amar verdadeiramente, poderemos nos libertar dos ciúmes.

A tarefa não é fácil. Trata-se de um processo contínuo de desenvolvimento pessoal em busca do amor sadio e de um permanente diálogo matrimonial, que contribuirá para o pleno conhecimento de ambos. A ajuda mútua é o melhor caminho.

Vencer os ciúmes significa lutar por nosso próprio enriquecimento, pelo fortalecimento do amor conjugal, pela capacidade de dar, de trabalhar e de amar. Uma pessoa que tenha alcançado esse grau de maturidade, raramente sente ciúmes. Mas quando se está em uma crise de ciúmes, o diálogo matrimonial deve ajudar a raciocinar objetivamente, respondendo com honestidade. Ademais, a outra parte deve evitar por todos os meios, dentro do razoável, os motivos que ocasionem ciúmes no outro. Porém, volto a afirmar, dentro do razoável.

O diálogo franco e sincero deve evitar culpar e agredir, para que se possa expressar com profundidade e exatidão os próprios sentimentos e necessidades, e também os do cônjuge. Desde que se consiga esse diálogo — com os elementos de absoluta honestidade, sinceridade e desejo de descobrir a verdade de cada um, e não de instaurar um combate —, é muito provável que a união alicerçada na confiança se enriqueça.

Dificilmente terão ciúmes e desconfiança aqueles que, em seu casamento, conhecerem plenamente as necessidades do outro, satisfazendo-as, com o cuidado, a ternura e o respeito mútuos.

Para o casal dialogar

1. Meus ciúmes são justificados? E os seus?
2. A que se devem?
3. Estou dando o mesmo que quero receber?
4. Existe alguma necessidade sua que eu não conheça?
5. Você aprecia e necessita realmente do que lhe ofereço?

Para orar juntos

Senhor Jesus,
tu amaste sempre e verdadeiramente.
Ajuda-nos a nos amar do mesmo modo
para que jamais, entre nós,
haja suspeita e dúvida.

Que tua presença
nos dê a certeza de que nosso amor
jamais fracassará
e que nos conduzirá
à eterna felicidade.
Guia-nos para conhecermos plenamente

as necessidades do outro;
dá-nos a força para satisfazê-las
com muito cuidado, ternura
e respeito mútuos.

Senhor, por tua mão,
sempre felizes.

Amém.

Um longo caminho de amor

*Quem perseverar
até o fim será salvo.*

(Mt 24,13)

Ser fiel "até a morte" no matrimônio é o resultado de um processo difícil, porém cheio de satisfações. Aquele dia começou assim: "Eu, Alberto, recebo você, Alessandra, como esposa e prometo ser-lhe fiel, na riqueza e na pobreza, na saúde e na doença, amando-a e respeitando-a todos os dias de minha vida".

Aparentemente, é uma simples fórmula litúrgica, mas encerra em si a aventura em que se lançam os noivos quando decidem transpor os umbrais da vida conjugal.

Muitos não cumprem o que prometeram. Outros mantêm as aparências de uma vida em comum, enquanto quebram a promessa de mil formas. Outros ainda são fiéis até a morte, como certamente vocês também desejam ser.

Pois bem: Antonio e Maria romperam a aliança; Jorge e Teresa estão juntos, mas brigam todos os dias; Carlos e Estela desejam mais, esperam mais do casamento... Com certeza, vem a propósito a pergunta: "É possível a felicidade conjugal?". Os meios de comunicação, as telenovelas, os filmes etc. transmitem mensagens que pretendem convencer-nos de que não é possível. Porém, temos o testemunho de milhares de casais felizes (talvez um deles sejam vocês), que nos falam de seus anos vividos juntos como uma bênção de Deus, o que enriqueceu suas vidas. Onde está o segredo? Em descobrir fases do amor e vivê-las: conhecer-se, aceitar-se e perseverar.

Amar é conhecer-se. Um casal conhecido declarava: "Quando estávamos noivos, vivíamos sonhando e tivemos pouco tempo para nos conhecer. O que importava era o romance... Ao formar um lar e viver juntos, tivemos de abrir os olhos: começamos a conhecer-nos de perto, com nossas debilidades e fraquezas, qualidades e possibilidades...".

Para amar-se de perto, é preciso conhecer-se. E esse conhecimento, que deve ter início desde o namoro, nunca termina. Continua ao longo de toda a vida matrimonial. É uma aventura em que, a cada dia, podemos descobrir mil coisas interessantes, boas ou más, e, com elas, mil novidades possíveis para o amor, o perdão, o mútuo enriquecimento.

Em nosso casamento, esforçamo-nos por conhecer-nos mais e melhor? Ou temos a sensação de que já nos conhecemos demais? Se o caso for este último, não será, acaso, porque a presença de meu cônjuge já não é tão significativa, e por isso não aparece nada de novo?

Amar é aceitar-se. Teresa afirmava que ela e Mário se amavam. Não obstante, dizia: "Isso não resolve todos os nossos problemas. Somos diferentes. Meu gênio não é dos melhores. Irrito-me com freqüência e admito que meu esposo necessita de uma boa dose de compreensão e paciência para suportar-me. Se bem que, com certeza, ele também não é perfeito... Os anos vividos juntos convenceram-nos de que nos amarmos significa nos aceitarmos como somos, para nos ajudarmos a mudar e a melhorar".

São Paulo afirma: "Carreguem os fardos uns dos outros, e assim vocês estarão cumprindo a lei de Cristo" (Gl 6,2). A lei de Cristo é a lei do amor. E Cristo nos ensina a amar como ele mesmo nos ama: com um amor generoso, de aceitação. Ele não nos ama pelo que somos, mas apesar do que somos, como pecadores. Somente em Cristo aprendemos a suportar-nos, compreender-nos e aceitar-nos, que é também uma forma de nos amarmos.

Aceitamo-nos plenamente? Ou existem coisas do outro que, por não me agradarem, fazem com que eu não o aceite?

Amar é perseverar. Artur comentava que ele e Joana estiveram várias vezes à beira do abismo no casamento: "Discutíamos freqüentemente, havia dias em que não nos falávamos, problemas com o orçamento doméstico, assuntos de amizades e várias coisas mais... Encontramos grande ajuda no esforço, na oração e na perseverança...".

A perseverança é uma virtude cristã e um requisito necessário para pertencer ao reino de Deus. Falando dos últimos dias, disse Jesus: "Muitos ficarão escandalizados [...] o amor de muitos se resfriará. Mas, quem perseverar até o fim, será salvo" (Mt 24,10.12.13). Transportada para o contexto específico da vida matrimonial, quão válida é a observação do Mestre. Porque também no lar, na família, o reino de Deus se realiza.

Este "amplo caminho de amor" que é o matrimônio deve andar de mãos dadas com a fidelidade, necessita perseverança. A fidelidade conjugal é uma empresa que exige sacrifício e perseverança.

Somos perseverantes ou o que nos propusemos esta manhã são palavras ao vento? Caminhamos com perseverança rumo à meta da felicidade ou estamos deslealmente parados no meio do caminho?

Para o casal dialogar

1. Em que aspectos de nossas vidas não nos conhecemos o suficiente?
2. O que, para nós, é mais difícil aceitar?
3. O que mais me agrada em você?
4. O que menos me agrada em você?

Para orar juntos

Senhor Jesus,
um dia, juntos, iniciamos
este longo caminho de amor,
que é o nosso matrimônio.
Ajuda-nos a vivê-lo plenamente,
conhecendo-nos a cada dia mais profundamente,
aceitando-nos tais quais somos,
com nossas virtudes e defeitos,
suportando-nos mutuamente,
ou seja, sendo suporte um do outro.
Além disso, Jesus, percorre sempre este caminho
junto a nós.
Serás o grande alento para perseverar,
tua força nos sustentará,
tua palavra nos guiará,
tua graça nos fará alcançar a meta.

Queremos ser sempre fiéis
ao propósito de construir a felicidade.
Contigo, Jesus, o conseguiremos.

Amém.

Terceira parte

... em Jesus

Que o casal saiba que com Cristo tudo é possível

Então Jesus entrou na barca,
e seus discípulos o acompanharam.
E eis que houve grande agitação no mar,
de modo que a barca estava sendo coberta pelas ondas.
Jesus, porém, estava dormindo.
Os discípulos se aproximaram
e o acordaram, dizendo:
"Senhor, salva-nos, porque estamos afundando!".
Jesus respondeu:
"Por que vocês têm medo, homens de pouca fé?".
E, levantando-se, ameaçou os ventos e o mar,
e tudo ficou calmo.
Os homens ficaram admirados e disseram:
"Quem é esse homem,
a quem até o vento e o mar obedecem?".

(Mt 8,23-27)

Tim Severin é um inglês que quis repetir a incrível façanha marinha de um monge irlandês. Nada menos que a do legendário são Brendano, que — possivelmente — chegou à América com seus religiosos dez séculos antes de Colón e quatro antes dos normandos. Navegou num barco feito com quarenta e nove couros de boi. A viagem do inglês levou treze meses, desde a costa de Verde Erín até a do Novo Mundo. Quantos teria levado o missionário celta? Pouco importa! A tradição contumaz diz que chegou e levou a efeito seu impulso apostólico de evangelizar essas terras virgens. Uma viagem devidamente planejada e realizada com sucesso.

No dia em que vocês se casaram, lançaram-se a um mar desconhecido, ou seja, o matrimônio, que é coisa mais séria do que o percurso das quatro mil e quinhentas milhas navegadas por são Brendano e também por seus modernos imitadores. Num caso, o objetivo era uma praia. Noutro, é o cumprimento de uma missão de amor que, iniciada na terra, irá continuar na eternidade. Quando se trata de uma travessia oceânica, os tripulantes são de um único sexo. No matrimônio, são dos dois. Naquela frágil embarcação não haverá descendência biológica. Entretanto, espera-se que venha a existir neste barquinho, igualmente vulnerável. Como na tempestade do lago de Genesaré, Jesus (ainda que, aparentemente, durma) será o terceiro nesta aventura sem volta. E, enquanto ele estiver a bordo, não haverá perigo de naufrágio. Ele empenhou sua palavra: "... eu estarei com vocês todos os dias, até o fim do mundo" (Mt 28,20).

Convém fazer uma análise, uma avaliação dos requisitos que permitirão uma viagem bem-sucedida. Investiu-se muito: a vida, o futuro, a realização... O que seria dos que, destinados a amar por mandado de sua natureza feita à imagem de um Deus que é amor (cf. 1Jo 4,8), frustram seu objetivo totalizador?

Estamos vivendo bem nossa vida matrimonial? Não devemos nos limitar a compartilhar um teto, um leito, um corpo, ou sentir atração pelo outro... Mas que o matrimônio, em sua íntegra, seja construído e endereçado à meta para a qual fomos chamados: fazer-nos um para o outro alguém capaz de viver para sempre em Deus. "Que o casal saiba que com Cristo tudo é possível."

No dia do casamento, três oferendas de elementos pessoais foram feitas e são permanentemente entregues de um para o outro: corpo, alma e espírito.

1. Corpo. Como o entregamos ao outro? Cuidamos de sua saúde, a fim de que o cônjuge possa participar dela plenamente? Temos consciência de que ele é sinal de nossos sentimentos? Que ele representa possibilidade de comunhão com Cristo em meu cônjuge?

2. Alma. Implica uma mente com suas idéias, um coração com afetividade, uma vontade que se manifesta no que se denomina "caráter". Numa palavra: personalidade. Isso explica por que o matrimônio conta com a "matéria" sacramental mais notável: o que se submete ao processo sacramental não é nem pão, nem vinho, nem óleo ou água. São pessoas, que irão ficar sacramentadas. É esse o dom tão apreciado que os contraentes permutam entre si.

Mente: quais as nossas idéias acerca da vida, da mulher, do homem, da educação dos filhos, do trabalho, do sofrimento, do amor, da morte, de Cristo, da Igreja?... Há muito o que dialogar, não?

Coração: sabemos amar sem pedir retribuição? Temos aprendido que amar é procurar o bem da pessoa amada?

Vontade: meu caráter pode ser sinal da força ou da fraqueza de vontade. Sabemos encarar com bom êxito "o terrível cotidiano"? Temos amadurecido, tornando-nos aptos a enfrentar as inevitáveis vicissitudes familiares?

3. Espírito. Entende-se por ele a posse de ideais, o que incita continuamente à superação dos obstáculos mais graves do matrimônio. Em alguns casos, não existem ideais; em outros, são efêmeros, como o dinheiro para alguns, para outros o status, ou o sensualismo... Em outros, porém, consistem na felicidade, na santidade, em que descobrem esse Jesus que, por uma ação sacramental dos próprios esposos, passou a fazer parte da vida familiar. É por ele, com ele e nele que o casal há de viver sua existência, dizendo com são Paulo: "...

para mim, o viver é Cristo" (Fl 1,21). "Que o casal saiba que com Cristo tudo é possível".

Para o casal dialogar

1. Temos consciência da presença concreta de Cristo em nosso matrimônio?
2. Sabemos que com Cristo temos tudo e, sem ele, nada?
3. O que podemos fazer para melhorar nossa relação com Jesus?

Para orar juntos

Senhor,
companheiro inseparável de nossa rota,
não permitas que nos esqueçamos de ti,
que sejamos indiferentes à tua presença
ou que jamais consultemos tua vontade.
Queremos, Jesus,
ser guiados permanentemente
por tua vontade.
Que cotidianamente leiamos tua Palavra,
que, nas circunstâncias boas ou más,
te perguntemos: o que queres de nós?
Que nos dias serenos
ou de tempestade,
saibamos que estás presente
para salvar-nos,
conduzindo-nos rumo à eternidade,
à felicidade que jamais terá fim.
Amém.

O coração fértil

*Disse Jesus: "O semeador saiu para semear.
Enquanto semeava, algumas sementes
caíram à beira do caminho,
e os passarinhos foram e as comeram.
Outras sementes caíram em terreno pedregoso,
onde não havia muita terra.
As sementes logo brotaram, porque
a terra não era profunda.
Porém, o sol saiu, queimou as plantas,
e elas secaram, porque não tinham raiz.
Outras sementes caíram no meio dos espinhos,
e os espinhos cresceram e sufocaram as plantas.
Outras sementes, porém,
caíram em terra boa,
e renderam cem, sessenta e trinta frutos por um.
Quem tem ouvidos, ouça!".*

(cf. Mt 13,3-9)

Quando o semeador sai a semear, entrega e arrisca tudo o que tem: a semente. Deposita-a na terra, com sonho, com esperança. Aposta na vida, no futuro... na colheita. Cristo coloca, assim, todo o seu empenho na semeadura da Palavra no coração das pessoas; porém algumas são duras como o caminho; outras estão cheias de pedras ou espinhos; outras são férteis, com grande capacidade para a resposta. Jesus semeia também no coração dos casais não somente a palavra, mas o seu próprio amor, no pequeno amor sacramental de três: amada, amado e Jesus.

O amor matrimonial, maravilhosa semente de vida, de esperança e de felicidade. O homem e a mulher, esposo e esposa, misteriosa terra que por vezes é caminho duro e impermeável, ou leito de pedras e espinhos, ou então solo fecundo, no qual o amor é possível hoje, amanhã e sempre.

1. O coração duro e impermeável como o caminho. "Todo aquele que ouve a Palavra do Reino e não a compreende, é como a semente que caiu à beira do caminho: vem o Maligno e rouba o que foi semeado no coração dele" (Mt 13,19). O amor é o maravilhoso dom que Deus semeou no coração do homem e da mulher. O acontecimento mais profundo que ambos podem expressar um ao outro é: eu amo você. Pensaram seriamente alguma vez em tudo o que encerra essa afirmação?

Entretanto, nem todos os corações de homens e de mulheres são suficientemente capazes de fazer frutificar esse amor. São corações que se deixaram endurecer em demasia. Ficaram como o caminho pelo qual todos passam, endurecendo-se cada dia mais. Diante de tal dureza de coração, perguntamo-nos: onde ficou a ilusão, a esperança, tudo o que continha aquele "sim" perante o altar? O que restou da lua-de-mel? O que aconteceu?

É provável, nesses casos, que à porta da igreja tenham-se esquecido da generosidade. Advém, daí, que o coração se torna duro e começa a pedir, exigir, reclamar direitos, somente ele quer ser feliz. Dizia alguém: "Não é vergonhoso ser feliz. O vergonhoso é que você pense exclusivamente em sua felicidade". Corações endurecidos, que foram pisoteados pelo egoísmo, o eu, eu e eu; asfaltados pelo orgulho que, na realidade, não é mais do que uma fórmula adulta de continuar sendo a eterna criança, presunçosa e malcriada.

2. O coração cheio de pedras. "A semente que caiu em terreno pedregoso é aquele que ouve a Palavra, e logo a recebe com alegria. Mas ele não tem raiz em si mesmo, é inconstante: quando chega uma tribulação ou perseguição por causa da Palavra, ele desiste logo" (Mt 13,20-21).

As pedras servem para construir, mas, no caminho, são um grande estorvo. Quantos sapatos estragados, quantos pés feridos pelas pedras! Cuidemos que ninguém tropece numa grande pedra, ou nas pedras pequeninas do caminho. Também no amor conjugal existem pedras que aborrecem, incomodam e podem até fazer naufragar as ilusões da vida apaixonada. Ademais, entre as pedras a semente começou a brotar feliz, porém a falta de profundidade e a insuficiência de terra fizeram com que ela secasse. Algo semelhante a um amor que nasce com pujança, mas quase ao mesmo tempo se torna débil e, certamente, acaba desaparecendo. Quais podem ser essas pedrinhas que impedem que o amor conjugal chegue à maturidade? A superficialidade: um amor que se deteve apenas à flor da pele, nos limites do físico, sem chegar a se aprofundar no ser de quem se ama, em toda a sua pessoa, também como ser espiritual. A infantilidade é outra forma de superficialidade. Existem muitos esposos e esposas que sofrem da doença da infantilidade sentimental, vivem como as crianças, com motivações periféricas: "não gosto"; "não tenho vontade"; "isso me aborrece". Usualmente, falta-lhes continuidade, desejam mudar suas opções como as crianças mudam de brinquedos. Outra das pedras é a falta de sinceridade, que consiste em não dizer a própria verdade, enganando para evitar complicações. Falam de tudo, menos deles próprios (o "nós" é terreno proibido), ou compartilham temas sem importância, que é uma forma diplomática de não entrar a fundo e dissimular a falta de diálogo. A falta de sensibilidade espiritual, quando as indelicadezas nas palavras e nas atitudes são abundantes. Substituir o amor pelo trabalho é uma das pedras em que o amor conjugal mais tropeça. Trabalha-se mais do que o devido, assumem-se compromissos fora do lar além da conta, o que traz o cansaço ao próprio lar, tornando impossível a profundidade do amor. Com quem estão casados? Com o trabalho, escritório, compromissos, problemas? Comecem, vocês mesmos, a tirar as pedras da terra fértil do coração.

3. O amor do coração entre os espinhos. "A semente que caiu no meio dos espinhos é aquele que ouve a Palavra, mas a preocupação do mundo e a ilusão da riqueza sufocam a Palavra, e ela fica sem dar fruto" (Mt 13,22).

No começo do casamento, tudo são rosas; mas na haste da rosa logo aparecem os espinhos, e muitos acabam ficando apenas com os espinhos, sem a rosa. É muito importante tomar consciência dos espinhos para poder superá-los e, pela haste, chegar à rosa. Mas existem corações que só se enchem de espinhos, afogando as sementes do amor. Os espinhos que devem ser compartilhados são: o egoísmo, a frieza no trato, a ausência de manifestações de carinho, o mau humor e as brigas freqüentes, a falta de diálogo, a rotina em que vivem cada "obrigação" matrimonial, o orgulho, a falta de ilusão no casal, o comodismo que mata muitos amores pela falta de esforço, de luta, de constância, de superação. Comodidade que muitas vezes impede a realização de um pequeno gesto (sair a seu encontro, ajudá-la a cozinhar, enxugar a louça etc.). Há ainda outros espinhos, tais como o trabalho exagerado. Esposos entregues a seu trabalho, deixando as migalhas de tempo para suas esposas. Esposas que estão sempre "doentes" com a limpeza da casa. Não podem ver um mínimo de pó nos armários, cadeiras, pisos. Enquanto isso, mantêm seu marido empoeirado e aborrecido, mais parecendo um móvel velho em liquidação do que um em bom estado de uso. Ou que, por terem "montão de coisas" para fazer, não se sentam ao lado do esposo enquanto ele vê televisão. Podemos acrescentar ainda mais espinhos, por exemplo, quando os compromissos sociais não deixam tempo para o casal ou quando o valor supremo da vida está concentrado no dinheiro... Quantos espinhos existem no amor de vocês? Se for necessário, experimentem fazer um novo enxerto que o vivifique.

4. O coração fértil. "A semente que caiu em terra boa é aquele que ouve a Palavra e a compreende. Esse com certeza produz fruto. Um dá cem, outro sessenta e outro trinta por um" (Mt 13,23).

Terra boa e fecunda. Terra trabalhada com constância na extração das ervas daninhas, dos maus hábitos do coração. Terra rica... coração rico em generosidade, em entrega, em esperança.

Terra boa é o coração humano dos cônjuges, expressão do esquecimento de si mesmo para pensar e preocupar-se com o outro; o saber que antes de receber está o dar, e não pensando no que já se deu, mas, melhor que isso, no que ainda se está por dar. Duas vidas: uma não tem sentido sem a outra, sinal perfeito da plenitude do amor. Unidade trabalhada no espírito de sacrifício, de sinceridade, de autenticidade, semeando os dois "eu" na terra fértil do coração, para que o grande fruto germinado seja o "nós".

Assim sendo, o amor cresce nos corações, desenvolve-se, amadurece e produz muitos frutos: a plenitude, a alegria, a segurança, a harmonia, a felicidade, a santidade.

Para o casal dialogar

1. Existe ainda, em nossos corações, terra dura e impermeável: falta de generosidade, egoísmo, orgulho?

2. Existem pedras a serem eliminadas, para que o amor germine em plenitude?
3. Quais os espinhos que ainda nos estorvam?
4. Que frutos produziu até hoje nossa terra fértil? Quais esperamos que produza daqui por diante?

Para orar juntos

Pai do céu,
queremos que a terra fértil do coração
permaneça sempre com sua riqueza.
Não permitas que nosso egoísmo
a torne dura,
nem que avancem os espinhos e as pedras,
tornando impossível
a germinação da semente do amor.

Senhor,
que nunca nos falte o principal abono,
tua Graça que nos fortalece,
tua Palavra que nos guia,
tua luz que rompe as trevas do pecado,
já que na escuridão nada germina.
Ajuda-nos a manter nosso coração
disposto e preparado
para dar muito fruto,
especialmente felicidade e santidade.

Amém.

Casais adormecidos

*Um homem semeou boa semente em seu campo.
Uma noite, quando todos dormiam, veio o inimigo dele,
semeou joio no meio do trigo, e foi embora.
Quando o trigo cresceu, e as espigas
começaram a se formar, apareceu também o joio.*

(cf. Mt 13,24-26)

Existem muitos casais que sofrem da doença do sono, muito embora não passem muitas horas na cama (comumente, deitam-se tarde e se levantam cedo), mas passam as vinte e quatro horas do dia dormindo ou, no mínimo, adormecidos, estonteados. São casais que não vêem nem se vêem, não ouvem nem se ouvem. Vivem simplesmente tão distraídos que não chegam a inteirar-se de nada, não se dão conta do que acontece em suas vidas. São casais que vivem com um amor enfermo e somente se dão conta quando este já está na iminência de morrer. Vivem tão despreocupados um com o outro que só percebem quando chega uma crise profunda. No fundo, sucede-lhes o mesmo que na parábola do joio.

Aquele senhor semeou boa semente durante o dia. Esses casais também semearam semente de amor relativamente boa em sua juventude. Semearam o sonho de uma vida plenamente compartilhada. Semearam a esperança de um amor único, indivisível, total.

Porém... enquanto dormiam, alguém semeou joio. Por não estarem plenamente atentos, enquanto o amor ia crescendo límpido e puro, não perceberam que junto a esse amor havia algo que não tinham semeado. Junto ao amor, começaram a crescer também a rotina, o costume, o egoísmo (o "meu", o "seu"), a indiferença, a frieza, a ausência de diálogo, e, a partir dessa situação, a dúvida, a suspeita, a insegurança.

Maridos adormecidos, que não se preocupam com a esposa porque ela "já não é uma criança"; que se esquecem de suas necessidades; que ignoram o detalhe da "comida tão saborosa", "do vestido novo que ela estreou", "das flores que colocou sobre a mesa". Que se esquecem de dizer-lhe que a amam, do beijo antes de sair, de dizer-lhe que "é bonita". Amigo: não se esqueça de que sua esposa casou-se com um homem desperto e não quer viver com um adormecido.

Esposas adormecidas que não têm tempo para arrumar-se como antes; que não sabem usar sua intuição feminina para descobrir novos desejos do marido; que não têm tempo para ficar junto dele porque as ocupações domésticas as absorvem; que mantêm os móveis sem pó algum para os maridos esquecidos; que não têm vontade de sair porque lhes dói a cabeça; que nunca têm vontade para nada. Esposas que já não levam em conta certos detalhes, como conversar com seu marido tomando-o pela mão ou deixando seu braço sobre o ombro; que já beijam somente sua face, porque assim economizam a metade do trajeto. Amiga: você não percebe que, enquanto descuida de seu esposo, desfilam modelos que o atraem e podem conquistá-lo, ou que está simplesmente submergindo seu casamento num profundo sono?

Na história pessoal de vocês, talvez alguma experiência forte os tenha despertado, mas, atenção! Terão ficado bem acordados? Não terão voltado a dormir? É preciso estar despertos e arrancar do coração as ervas daninhas, antes que elas matem o amor e o frio da indiferença o congele. A pior doença é aquela que não se descobre. Quantos casamentos morrem sem dor, com a anestesia fácil do tédio e do adormecimento dos sentimentos! Para evitar isso, duas coisas são necessárias:

- Ser esposos despertos um para o outro, e cada qual para si mesmo, mediante:
  — um exame sincero, todos os dias, de tudo quanto os distancia e os impede de crescer;
  — um diálogo franco, em que se encontrem mutuamente, e possam ajudar-se a conhecer-se e a descobrir-se;
- ter a coragem de arrancar o que é preciso ser banido, ainda que cause dor, pois esta cura muitos males, até mesmo os do amor.

É necessário estar despertos para amar, e amar para viver.

Para o casal dialogar

1. Estamos suficientemente despertos em nosso casamento? Por quê?
2. Que perigos concretos existem ao nosso redor que podem afetar um matrimônio adormecido?
3. Quais os elementos que ainda nos distanciam e nos impedem de crescer?
4. O que deveríamos fazer para manter nosso casamento ainda mais desperto?
5. Como ajudar a despertar outros casais que ainda dormem?

Para orar juntos

Senhor,
tu que vieste despertar
a humanidade inteira,
para que não caiamos
no sono profundo do pecado,
ajuda-nos a manter desperto
o nosso casamento.

Ajuda-nos para que a indiferença,
o abandono e a rotina
jamais se instalem em nosso lar;
desejamos amar-nos
com um amor cheio de vida,
desperto para dialogar
com franqueza sobre nossas coisas,
corajoso para defender-nos
do que nos possa tornar doentes.

Senhor,
do mesmo modo que tu és novo a cada dia,
seja também novo nosso amor.

Amém.

Se você conhecesse o dom de Deus...

*Cansado da viagem, Jesus sentou-se junto à fonte.
Era quase meio-dia.
Então chegou uma mulher da Samaria
para tirar água. Jesus lhe pediu: "Dê-me de beber" [...]
"Se você conhecesse o dom de Deus,
e quem lhe está pedindo de beber,
você é que lhe pediria.
E ele daria a você água viva [...].
Quem bebe desta água vai ter sede de novo.
Mas aquele que beber a água que eu vou dar,
esse nunca mais terá sede" [...]. A mulher disse a Jesus:
"Senhor, dá-me dessa água, para que eu não tenha mais sede,
nem precise vir aqui para tirar".*

(Jo 4,6-7.10.13-14a.15)

Há os que buscam, mas acabam perdendo até o que haviam encontrado. Essa mulher foi em busca de água e encontrou a felicidade de sua vida. A samaritana não é uma mulher qualquer, pois todo o seu ser pede, clama por felicidade. Sente necessidade de ser feliz. Acredita que a felicidade seja possível e que tem direito de ser feliz, com quem quer que seja, sejam quais forem os caminhos, sejam quais forem os meios.

Todavia, os caminhos, os meios de que se utilizava não eram, evidentemente, os que poderiam levar a saciar a fome de felicidade. Aquela mulher mudava de marido muitas vezes, o que denuncia uma pessoa afetivamente imatura, com um egoísmo afetivo e sentimental profundo. Uma mulher sem escrúpulos e sem muitos valores sociais, com perda do senso de dignidade e de toda escala de valores.

Uma esposa que queria ser feliz. Porém, toda a sua felicidade reduzia-se a um corpo masculino. Assim sendo, cinco maridos foram insuficientes para satisfazer sua fome de felicidade. A razão é muito simples: não acertava na descoberta dos valores profundos, uma vez que sua busca se detinha à flor da pele.

O mundo nos oferece hoje muitas propostas sedutoras, não somente em matéria sexual, mas também no que diz respeito ao conforto, ao consumismo, ao materialismo, ao prescindir de Deus, ou seja, ao secularismo. Porém, tudo isso pode saciar nossa fome de felicidade?

Ali, junto à fonte, a mulher fez a grande descoberta: a da vida, a do amor, a da felicidade. Talvez vocês também, em suas vidas, tenham tido uma fonte de água...

O ser humano busca a felicidade porque, na realidade, busca a Deus. Homem e mulher são seres sedentos de felicidade e o caminho para buscá-la juntos é o matrimônio:

- compartilhando juntos a mesma sede;
- compartilhando a pobreza e a riqueza pessoal;
- tendendo a ser felizes juntos.

"Se você conhecesse o dom de Deus..." O dom maravilhoso que é o outro, que é a comunhão de pessoas, que é a intimidade de cada um de vocês. Conhecer o dom de Deus é descobrir o outro como dom de Deus para mim, e eu, como dom para ele. A descoberta do amor não somente como busca de prazer superficial, mas como um dom de Deus.

"Se você conhecesse o dom de Deus..." O dom maravilhoso da felicidade. Todavia, existem casais que buscam a felicidade contemplando-se mutuamente; buscam a água um no outro. Assim jamais chegarão à profundidade, à água que elimina a sede.

Será necessária uma descoberta mútua e, a partir dela, juntos, olhar para Cristo. Ele está sentado junto à fonte, está no lar. Alguns não querem olhar para ele, fingem-se distraídos, porque Cristo desnuda a mentira em que vivem, a sede inútil que os queima; obriga-os a ser sinceros consigo mesmos, obriga-os a uma guinada em busca da felicidade...

"Se você conhecesse o dom de Deus..." Muitos casais sabem que Cristo é o grande dom que lhes oferece a felicidade. Sabem que ele é o único caminho para estabilizar a vida, o amor e o matrimônio; o único que lhes ensina a ver, a descobrir o "dom de Deus", a felicidade. Oxalá, entre esses casais, estejam vocês.

Para o casal dialogar

1. Por quais caminhos buscamos a felicidade?
2. Estamos realmente convencidos de que Deus é o único que nos concede o dom da felicidade e que, dessa maneira, eleva tudo quanto somos?
3. Está Cristo na "fonte" de nosso lar?

Para orar juntos

Senhor,
em nosso lar,
queremos encontrar-te sempre
junto à fonte;
sem tua presença, em casa
não há luz, nem força, nem calor,
nem a água que mitiga a sede.
Dá-nos de tua água,
para que não tenhamos mais sede.
Sabemos que buscá-la
nas fontes deste mundo
serve simplesmente para saciar nossa sede
momentaneamente,
e em seguida ter mais sede.

Ensina-nos a descobrir mais e mais
o "dom de Deus",
a felicidade que não termina;
ajuda-nos a mostrar a nossos filhos
este mesmo caminho.

Amém.

Família: Igreja doméstica

> *Vocês, porém, são raça eleita, sacerdócio régio,*
> *nação santa, povo adquirido por Deus,*
> *para proclamar as obras maravilhosas daquele que*
> *chamou vocês das trevas para a sua luz maravilhosa.*
>
> (1Pd 2,9)

Esse texto de são Pedro vai nos ajudar a descobrir, por meio do sacerdócio existente em nós, em virtude do batismo recebido, certas características da Igreja doméstica.

Essas características podem ser assim definidas: se nossa família é uma pequena Igreja, a casa é um templo, no qual existem altares: a mesa da família, o leito conjugal... E, se existem altares, há também sacrifícios: o pão cotidiano, o amor traduzido em atitudes...

Quão importante é poder realizar essas formulações no dia-a-dia do lar: em cada acontecimento, em cada circunstância, em cada palavra que se diga.

Em primeiro lugar, que nossa casa seja um templo. Façam de sua casa um templo. Não importa que seja de barro, tijolo ou madeira. O importante é que se possa reconhecer que Deus habita nela; que ele está na sala de jantar, na cozinha e no quarto; que o escutamos e falamos com ele, ou seja, lemos sua Palavra e a ele nos dirigimos pela oração.

Façam de seus lares um lugar onde se transmita a paz, e os pecados sejam mutuamente perdoados. Celebrem o dia em que cada um faz aniversário, todos os aniversários, as festas infantis e a saudação fraterna. Amem essa intimidade diária em que vivem. Que a habitação da família seja um lugar onde Deus é descoberto em cada momento e em cada canto. Deus é parte fundamental da família. Não deve representar uma visita, nem um estranho, nem um parente. Ele fixou sua morada na casa de vocês.

Por isso, é necessário amar o lar que se tem, contemplá-lo com respeito e simpatia. Jamais se envergonhem de sua pobreza nem tampouco se sintam orgulhosos de suas riquezas. Deixem que o Senhor seja, autenticamente, o dono da casa.

Temos um segundo desafio: que nossa mesa seja um altar. Façam de sua mesa um altar. A mesa é testemunha de muitos momentos compartilhados: ao redor dela, as crianças brincam, a família se encontra, acolhe-se o amigo, narram-se as atividades que cada um desempenhou, permutam-se as inquietudes, comentam-se notícias... À mesa, come-se o pão e bebe-se o vinho. Aí se oferece a ação de graças por tudo quanto se possui e pelo amor que os une. Assim sendo, vocês não devem sentar-se a essa mesma mesa sem estar reconciliados. Façam dela um altar em que todos estejam em comunhão uns com os outros, onde ofereçam suas próprias vidas com tudo o que elas têm de novo ou rotineiro. A mesa constitui o espaço do encontro e do carinho, motivo pelo qual deve ser um lugar sumamente acolhedor.

Ademais, consideramos, acima, o leito conjugal como altar. Sabemos que, pelo sacramento do matrimônio, Jesus vive plenamente com vocês, em suas casas. Nelas estabeleceu-se para ajudá-los em tudo, mas, fundamentalmente, para transformar o amor conjugal, fazendo de um amor pequeno, humano, limitado, um amor pleno, total, infinito, como o amor dele pela Igreja. Por essa razão, o amor conjugal transforma-se em sinal sacramental do amor de Cristo pela Igreja. Somos tal como a Igreja: Jesus quer oferecer a cada um dos membros do matrimônio, por intermédio do outro, o mesmo que oferece à Igreja. E o que oferece? Sua vida, seu espírito, seu corpo.

Enquanto vocês, a partir do primeiro momento diante do altar ou em qualquer circunstância compartilhada, ofereçem um ao outro a sua vida, Cristo lhes dá sua própria vida. Quando vocês compartilham seu espírito, mediante um diálogo íntimo e profundo, Cristo lhes dá seu próprio espírito. E quando compartilham o corpo, desde a mínima carícia até o momento mais íntimo, Cristo lhes dá seu corpo. Por isso, podemos dizer que, ao comungar entre vocês, comungam também com Cristo. Do mesmo modo que no altar do templo paroquial é necessário transcender os sinais do pão e do vinho para encontrarmo-nos com Cristo, assim os esposos devem transcender a figura de seu cônjuge para encontrar-se com Jesus, presente por efeito do sacramento matrimonial.

Em terceiro lugar, que nosso pão seja um sacrifício. Que o pão partido por vocês seja um sacrifício de bênção. É sempre custoso ganhar o pão. É fruto da terra e do trabalho de cada dia. Quando o pão é escasso, tudo se torna inseguro e sobrevém a angústia diante da vida. O pão é o sinal do esforço de todos para cumprir suas tarefas e agir de maneira responsável. Em suma, é o dever de amar até a morte. No pão, estão contidos nossos suores e fadigas, que querem um mundo mais justo e aprazível. Oxalá todos os homens possam comê-lo com fartura. Além disso, é preciso que, na mesa da família (altar), aprendamos a partilhar com nossos semelhantes mais necessitados.

Falamos em "altar" e "pão, sacrifício de bênção", porque vocês, como casal, são um verdadeiro sacerdócio. Todos nós, a partir de nosso batismo, recebemos a missão de consagrar a terra e construir este mundo como sendo o

Reino de Deus. Vocês, como pais, são também sacerdotes, porque demonstram a presença de Deus na família, por meio de suas atitudes, gestos e palavras cotidianas. Mostram a seus filhos que Deus é Pai e Mãe ao mesmo tempo, que está perto e é carinhoso e compreensivo, que perdoa e é possível dialogar facilmente com ele, que é bom e fiel, que jamais nos abandona. Além disso, como casal, vocês são os primeiros catequistas de seus filhos. Que enorme responsabilidade e quão formosa missão foi-lhes confiada!

Por esse mesmo sacerdócio, também se santificam mutuamente, mediante o amor expresso entre ambos e o que proporcionam a seus filhos.

E, finalmente, que nossa família seja uma pequena Igreja. Uma Igreja em que se vive na verdade, sem perder a harmonia, na qual se apreciam os traços e os valores que cada um possui. Uma Igreja na qual se vive a fé em comum não se contenta com aquilo que cada um, individualmente, cria, ama e reza. Fazem-no juntos. Por isso, é importante reservar algum momento para um encontro familiar, que é sagrado para vocês, durante o qual façam um pouco de oração, leiam a Palavra de Deus e dialoguem longamente sobre as vivências de cada um. Bendigam a Deus por tudo o que lhes deu com carinho. Uma Igreja assim não se esquece de celebrar a ceia do Senhor (a missa) com as outras Igrejas domésticas que formam a comunidade.

Pequena Igreja! Nela está o Senhor, presente com vocês, animando a vida, salvando com seu amor.

Para o casal dialogar

1. Em que descobrimos a presença de Deus em nosso lar?
2. Que clima encontramos em nossa mesa? É um altar ou, às vezes, é o lugar das discussões e brigas?
3. Valorizamos o trabalho de todos os membros da família, para que haja sobre a mesa o pão de cada dia?
4. Existem em casa as características com que definimos a Igreja doméstica?

Para orar juntos

Senhor Jesus,
assim como estás sempre presente
na igreja paroquial,
queremos que estejas em casa,
não como forasteiro, nem visita,
e sim como mais um membro
que participe, que fale, que escute...

Abençoa nossa mesa,
para que nossos sacrifícios cotidianos,
refletidos no pão posto sobre ela,
sejam um sacrifício
agradável a teus olhos.
Enfim, Senhor,
que juntos construamos
uma verdadeira Igreja doméstica,
contigo animando a vida,
salvando com teu amor,
permanecendo em nosso meio.
Amém.

O laicato é a Igreja

*Eu sou a videira, e vocês são os ramos.
Quem fica unido a mim, e eu a ele,
dará muito fruto, porque sem mim
vocês não podem fazer nada.*

(Jo 15,5)

Os membros da família (Igreja doméstica) fazem parte da mesma vinha, uma vez que na Bíblia essa imagem é usada, de modo particular, para "expressar o mistério do povo de Deus".

Jesus é a videira autêntica a que os ramos estão vitalmente unidos. Os ramos somos nós, que permaneceremos cheios da vida que Jesus nos dá, desde que estejamos unidos a ele. Jesus nos dá vida e, em conseqüência, nossa vida será plenamente fecunda. A unidade com ele opera-se por meio da Igreja e sem ele nada podemos fazer. A identidade dos fiéis leigos, assim como sua dignidade original, somente se revela dentro da Igreja.

O laicato — dizia Pio XII — "encontra-se na linha mais avançada da vida da Igreja, e, em função deles, a Igreja é o princípio vital da sociedade humana". Estamos acostumados a contemplar a face da Igreja no semblante do sacerdote, da religiosa... É necessário que também o laicato seja o semblante da Igreja. Que as crianças vejam a face da Igreja em papai e mamãe, que os operários das fábricas vejam-na em seus companheiros, em seus chefes, em seus patrões... que estes a vejam naqueles... que os comerciantes vejam a face da Igreja em seus clientes, e os clientes, em seus fornecedores... que os habitantes do bairro sejam a Igreja para seus vizinhos...". Assim sendo, o laicato — continua afirmando Pio XII — deve "ter consciência cada vez mais clara não somente de pertencer à Igreja, mas de ser a Igreja, o que significa: eles são a Igreja".

Este é o primeiro passo fundamental de todo cristão: tomar consciência de que não somente pertence à Igreja, mas, acima de tudo, é a Igreja. O segundo passo é o de entregar-se inteiramente à tarefa de responder ao chamado fundamental que Deus faz ao homem, à vocação primeira: a santidade.

Desse modo, o leigo mostrará, então, um semblante de Igreja; não, porém, de qualquer maneira, mas um semblante atraente. Muitas vezes procuramos ser atraentes por nossa capacidade, nosso modo de falar, nossa presença, nossas vitórias... mas tudo isso é efêmero. O importante é que sejamos atraentes em razão de nosso interior. Um interior que revela a profunda convicção, a começar do cotidiano, de querer alcançar a meta da santidade... Dessa forma, estaremos certos de que não necessitamos ser estrelas de cinema, da arte, do desporto para atrair... Sabemos também que tudo isso passa; mas uma vida de santidade projeta-se para o transcendente, para a plenitude dos tempos.

Diz João Paulo II, em *Christifideles laici*: "O santo é o testemunho mais esplêndido da dignidade conferida ao discípulo de Cristo". Não é necessário procurar sobressair em alguma coisa, em nossas atividades, para que nos reconheçam com certa dignidade, mas sim permitir que se realize em nós, por parte de Deus, a obra da santidade.

Muitos pais incentivam seus filhos a estudar, dizendo-lhes que, se não o fizerem, no dia de amanhã "não serão ninguém"; com outras palavras, para ser "alguém", deve-se estudar... Que erro enorme! É como se estivessem dizendo: hoje você não vale nada; para valer alguma coisa, tem de estudar... É muito importante que o filho estude, mas não para "ser alguém", porque somente seremos "nada", se não alcançarmos a santidade.

É urgente, hoje mais do que nunca, que todos os cristãos voltem a empreender o caminho da renovação evangélica, acolhendo generosamente o convite de Pedro a ser "santos em todo o comportamento" (1Pd 1,15).

Os santos e santas foram fonte de origem de renovação nas circunstâncias mais difíceis de toda a Igreja. Temos hoje uma grande necessidade de santos, que haveremos de implorar constantemente a Deus.

Antes que uma obrigação impertinente e inabdicável, os fiéis hão de considerar a vocação à santidade como um sinal luminoso do amor infinito do Pai, que nos regenerou para sua vida de santidade.

Estamos todos convidados a ser a face da Igreja, todos nós unidos de maneira vital a Jesus, à videira autêntica, para, dessa maneira, crescermos na vida de santidade, fazendo de nossa face e da de nossa família um semblante atraente, não por nossas qualidades humanas, e sim por Jesus estar em nós.

Para o casal dialogar

1. Temos, em casa, consciência de que somos Igreja?
2. Agimos de modo coerente com este "ser Igreja"?
3. São nossas vidas atraentes pela santidade?
4. Nossos filhos vêem em nossos rostos a face da Igreja?

Para orar juntos

Senhor Jesus,
tu que és a videira autêntica,
não permitas que nós, teus ramos,
fiquemos desligados de ti,
não permitas que sequemos
e assim não demos frutos.
Ajuda-nos a tomar consciência
de que somos a Igreja,
e de que nosso rosto
deve ser a face atraente da Igreja.
Que assim também o entendam
e vivam nossos filhos, a fim de que, desse modo,
nossa família, pequena Igreja doméstica,
seja um luminoso sinal da grande Igreja.

Para que isto não seja apenas ilusão,
dá-nos a graça, Senhor,
de uma vida de santidade.

Amém.

Vão vocês também

> ... o Reino do Céu é como um patrão,
> que saiu de madrugada para contratar
> trabalhadores para a sua vinha [...]
> Às nove horas da manhã, o patrão saiu de novo.
> Viu outros que estavam desocupados na praça, e lhes disse:
> "Vão vocês também para a minha vinha". [...] Saindo outra vez
> pelas cinco horas da tarde,
> encontrou outros que estavam na praça,
> e lhes disse: "Por que vocês estão aí o dia inteiro desocupados?"
> Eles responderam: "Porque ninguém nos contratou".
> O patrão lhes disse: "Vão vocês também para a minha vinha".
>
> (Mt 20,1.3-4.6-7)

Na exortação apostólica de João Paulo II, *Christifideles laici*, encontramos uma verdadeira riqueza sobre a vocação e a missão dos fiéis leigos na Igreja e no mundo. A parábola da vinha faz-nos pensar na imensidão do mundo e na multidão de pessoas, homens e mulheres, que ele chama e envia para que nela trabalhem.

O Senhor não cessa jamais de chamar: "Vão vocês também para a minha vinha". O convite não se dirige somente a sacerdotes e religiosos, mas é extensivo a todos: os fiéis leigos também são chamados pessoalmente pelo Senhor. E chama-os pelo nome. Por isso, faz-se necessário examinar a resposta de cada um, especialmente a de vocês, como casal. O seguinte pensamento de são Gregório Magno poderá ajudá-los: "Caríssimos irmãos, examinem seu modo de viver e averigúem se já são operários do Senhor.

Cada um examine aquilo que faz, e veja se trabalha na vinha do Senhor".

Somos todos Igreja. À medida que cada um de nós assumir essa grande verdade e sentir a Igreja como própria, um verdadeiro e novo Pentecostes será possível, porque comprovaremos como o Espírito Santo continua rejuvenescendo a Igreja, suscitando novas energias de santidade e de participação em todos, especialmente em vocês, os casais.

O Senhor ama-os e confia-lhes responsabilidades concretas na Igreja. Confiou-lhes uma família, vizinhos, companheiros de trabalho, enfim, tantos homens e mulheres que diariamente se encontram com vocês. Talvez, para muitos deles, a única oportunidade de encontrar-se com o Evangelho seja lê-lo no semblante de vocês, no de todos os membros da família.

Vocês formam um casal consciente das responsabilidades que o Senhor lhes confiou? Estão trabalhando em sua vinha ou limitam-se a receber passivamente, sem nada dar em troca?

"Vão vocês também para a minha vinha." Depois de tantos sinais, esse imperioso mandato de Cristo à sua Igreja continua ressoando fortemente em nosso tempo... Mesmo assim, muitos ouvidos cristãos parecem continuar sem ouvi-lo. O apostolado ou evangelização que vocês não cumprirem, irremediavelmente, ficará sem ser realizado. Ninguém na vinha é imprescindível, mas somos todos insubstituíveis, já que cada um tem sua própria missão. Se não a cumprirem, ninguém poderá fazê-lo, pois todos têm sua tarefa e sua responsabilidade, que lhes foi incumbida pelo Senhor.

Haverá muitas coisas que os unem como casal, porém poucas os unirão tanto quanto realizar uma tarefa apostólica comum. Se os esposos o soubessem!

Existem duas tentações: uma é a de acreditar que o apostolado se reduz a serviços e tarefas estritamente eclesiais, com todo o esforço concretizado dentro da Igreja, esquecendo as responsabilidades específicas da família, trabalho, profissão; e a outra é a de separar fé e vida, como se receber o Evangelho não tivesse nada a ver com o cotidiano, com o que estamos realizando em nossa família, nosso trabalho, nossas relações sociais... Tomando como ponto de partida nossa inserção na comunidade eclesial e o compromisso com o Evangelho, devemos penetrar as realidades temporais e terrenas para fazê-las segundo requer o Reino.

Para tanto, é necessário que vocês e todos os fiéis leigos respondam ao chamamento de Cristo para trabalhar em sua vinha. Não há lugar para o ócio, tal o volume de trabalho que a todos espera na vinha do Senhor. Ele lhes diz: "Vão vocês também para a minha vinha"; este é o chamado que ressoa no mais íntimo de cada um e convida a ser sujeito ativo de sua missão de salvação.

Nós, cristãos, devemos ser sal e luz do mundo nessa missão evangelizadora; mas, se o sal não salga e a luz não ilumina, para que servem?

O Senhor necessita de palavras, braços e pernas, a mente e o coração, tudo o que vocês são para continuar evangelizando. "Vão vocês também para a minha vinha."

Para o casal dialogar

1. Que trabalho apostólico estamos realizando? O que significa para nós esse apostolado?
2. Se, por acaso, não realizamos nenhum, por quê?

3. Apostolicamente, o que gostaríamos de fazer em nossa comunidade?
4. Toda a nossa família é apostólica ou somente alguns membros? Por quê?

Para orar juntos

Senhor, de coração aberto,
queremos responder a teu convite:
"Vão vocês também para a minha vinha".
Desejamos senti-la como própria,
experimentar os frutos da vinha
como nossos e teus.

Quanto trabalho na vinha!
E pensar que às vezes nos perguntamos:
o que posso fazer?
Quanta responsabilidade nos deste!
Quanto nos amas!

Senhor, que todos nós que formamos
o laicato despertemos,
assumindo nosso papel
de protagonistas em tua vinha.

Ajuda-nos a ser fiéis
ao que confiaste à nossa responsabilidade.

Amém.

A família missionária

*Vão pelo mundo inteiro
e anunciem a Boa Notícia para toda a humanidade.*

(Mc 16,15)

Cristo deixou-nos a ordem: "Vão pelo mundo inteiro e anunciem a Boa Notícia para toda a humanidade". Somos enviados a proclamar a Palavra de Deus a todos os homens, universalidade esta marcada pelo horizonte próprio da evangelização.

A missão da Igreja expressa-se numa única palavra: "evangelizar", isto é, anunciar a Boa Notícia de Jesus. Aqui está radicada a "catolicidade" da Igreja: chegar aos confins da Terra. A missão evangelizadora da família cristã possui essa dimensão missionária católica. O sacramento do matrimônio renova nos cônjuges e pais cristãos o compromisso do batismo, tornando-o atual, na qualidade de testemunhas de Cristo e como verdadeiros e próprios missionários do amor e da vida.

O primeiro ambiente de evangelização é a própria família, a partir da qual auxiliam o crescimento espiritual dos outros e, por esse espírito missionário em seu próprio interior, a Igreja doméstica é chamada a ser sinal luminoso da presença de Cristo e de seu amor para as famílias que ainda não crêem e para as famílias cristãs que não vivem em coerência com a fé recebida. Com seu exemplo e seu testemunho, é chamada a iluminar os que buscam a verdade.

O testemunho deve constituir o primeiro meio pelo qual se proclama a Boa Nova.

Suponhamos uma família que, dentro da comunidade humana em que vive, manifeste sua capacidade de compreensão e de aceitação, em comunhão de vida e de destino com os demais; sua solidariedade nos esforços de todos, em tudo o que existe de nobre e bom. Suponhamos, ainda, que irradie de maneira simples e espontânea sua fé nos valores que vão além dos valores correntes, e sua esperança em algo que não se vê, e com o que nem se ousaria sonhar. Com esse testemunho sem palavras, essa família cristã suscita, em quem contempla sua vida, interrogações irresistíveis: "Por que são assim?"; "Por que vivem dessa maneira?"; "O que ou quem os inspira?"; "Por que estão conosco?". Pois bem, esse testemunho constitui já de *per se* uma proclamação silenciosa, e ao mesmo tempo muito clara e eficaz, da Boa Nova.

Assim como no começo do cristianismo havia um casal missionário, Áquila e Priscila (cf. At 18,2-3.18; Rm 16,3-5), existem também hoje muitos casais e famílias cristãs que são verdadeiramente missionários em seu lar, em seu ambiente, e alguns chegam até a deixar tudo, trasladando-se para outros lugares, a fim de anunciar o Evangelho, servindo ao homem por amor a Jesus Cristo. A família de vocês está convidada para esta missão; não esqueçam, pois, a graça que receberam para isso.

Para o casal dialogar

1. Ansiamos por tornar Cristo conhecido?
2. Os demais nos vêem de maneira diferente porque Jesus vive em nosso lar?
3. O que podemos fazer para crescer como família missionária?

Para orar juntos

Senhor,
queremos, como família,
ser luz,
ser uma presença tua no mundo,
ser cristãos
que questionam com seu testemunho.

Sabemos, Senhor,
que muitos ainda não te conhecem,
que outros te ignoram,
que alguns são incoerentes
com a fé que proclamam,
e por isso nós desejamos
ser um Evangelho vivente.

Estamos conscientes de nossa limitação,
que pode dificultar o alcance do ideal,
mas, com tua ajuda, tudo é possível.

Amém.

A família na comunidade

> *Saudações a Priscila e Áquila [...]*
> *Saúdem também a Igreja que se reúne na casa deles. [...]*
> *Saúdem os cristãos da família de Narciso. [...]*
> *Saúdem Rufo, o eleito do Senhor, e sua mãe [...]*
> *Saudações de Gaio, que está hospedando a mim*
> *e a toda a comunidade.*
>
> (Rm 16,3.5.11.13.23)

Houve sempre uma grande relação entre a família cristã e a comunidade paroquial. Como vemos no texto bíblico, no princípio as comunidades cristãs se reuniam nas casas de família, uma vez que não existiam templos. Hoje existem templos que congregam especialmente em torno da eucaristia, porém a paróquia não está circunscrita aos limites do templo, e sim aos de seu território. Daí a grande necessidade de que cada família, pequena Igreja doméstica, se sinta parte responsável e integrante da comunidade paroquial, a fim de que cada pároco, ao perguntar: onde está a Igreja?, possa conduzir seu interlocutor não ao templo, mas a uma das famílias comprometidas.

A Igreja universal encontra sua expressão mais visível e imediata na paróquia, sendo ela a Igreja que vive entre as casas de seus filhos e de suas filhas. O principal, na paróquia, não está em ser ela uma estrutura, um território, um edifício, mas sim em ser a família de Deus, como uma fraternidade animada pelo Espírito de unidade; é uma casa de família, fraterna e acolhedora; é a comunidade dos fiéis. Como dizíamos antes, ela é uma comunidade eucarística.

A paróquia, como templo e estrutura, é um único lugar e uma única forma de presença e de ação; porém, se em cada família palpita o mesmo ser paroquial, essa presença e essa ação vão poder se multiplicar notavelmente, para levar a palavra e a graça do Evangelho a todos os homens.

A paróquia, comunidade de comunidades, vai se tornar realidade plena como comunidade eclesial quando cada pequena comunidade, que é família, se integrar e se fizer verdadeira porção paroquial.

Dessa comunidade e participação das famílias na vida paroquial, surgirá a eficácia da ação pastoral. Sem a ação pastoral dos fiéis leigos, das famílias, o próprio apostolado dos pastores perde em grande parte sua eficácia. É fundamental que o laicato esteja cada vez mais convencido da importância de seu compromisso apostólico na paróquia, habituando-se a trabalhar em íntima união com seus sacerdotes, expondo a toda a comunidade seus problemas e os do mundo, assim como as questões que se referem à salvação dos homens, para que sejam examinadas e resolvidas com a colaboração de todos; a dar, segundo as próprias possibilidades, sua contribuição pessoal às iniciativas apostólicas e missionárias de sua própria família eclesial.

É evidente que os sacerdotes também devem aprender a trabalhar com o laicato e suas famílias. O Concílio Vaticano II rompeu com um clericalismo excessivamente arraigado, que ainda possui duas formas de subsistência: nos sacerdotes, que não esperam nada dos leigos, e nos leigos, que ainda esperam tudo do sacerdote.

Nas circunstâncias atuais, os leigos podem e devem prestar uma grande ajuda para o crescimento de uma autêntica comunhão eclesial em suas paróquias, dando também uma nova vida ao elã missionário que envolve todos os membros que integram o setor paroquial. Existem dois tipos de pastoral paroquial: uma pastoral de conservação e outra missionária. No primeiro tipo, apenas se conserva o que se recebeu, mantém-se o que já se tem; no segundo tipo, a paróquia faz-se missionária (não somente o sacerdote), toda a comunidade, junto a seu pastor, interessa-se por todas e cada uma das pessoas, pela família, mediante uma ação concreta, mas também por meio de um testemunho de vida pessoal, familiar, comunitária.

No dizer de Puebla, a paróquia realiza uma função em certo sentido integral da Igreja, já que acompanha as pessoas e suas famílias ao longo de sua existência, na educação e crescimento de sua fé. É centro de coordenação e de animação de comunidades, de grupos e movimentos. Por isso, nem toda ação pastoral se realiza na paróquia, mas deve permanecer enxertada nela, para que, a partir dela, o Evangelho chegue ao recanto mais distante de seu território.

Voltando ao princípio, em que afirmávamos que existe uma grande relação entre a família e a paróquia, podemos dizer que em sua família, Igreja doméstica, o batizado é chamado à primeira experiência de comunhão na fé, no amor e no serviço aos outros. Na paróquia, cresce a experiência de novas relações interpessoais na fé, no aprofundamento da palavra de Deus, na participação da eucaristia, na comunhão com o sacerdote-pastor e um maior compromisso com a justiça na realidade social de seus ambientes.

Para o casal dialogar

1. Temos consciência viva de que somos parte de nossa paróquia?
2. O pároco realmente conta conosco?
3. Que compromisso apostólico temos em nossa paróquia?

Para orar juntos

Senhor Jesus,
ilumina nossa família
e ajuda-nos para que tenhamos
um sério compromisso evangelizador,
que estejamos sempre integrados
na atividade paroquial
e que todos vejam em nós
uma parte viva da paróquia.

Pedimos-te também por nosso pároco.
Ele deu sua vida a ti e a nós.
Que jamais se sinta sozinho,
que em sua ação de pastor
não encontre obstáculos em nossa família;
ao contrário, que este lar seja para ele
como o de Betânia foi para ti, Senhor.
Colocamos em tuas mãos
as outras famílias,
com as quais formamos a comunidade,
especialmente as que mais estão sofrendo
neste momento, material ou espiritualmente,
desejando que encontrem em nossas vidas
a paz que tu queres oferecer a elas.

Amém.

Bem-aventurada aquela que acreditou

> *Bem-aventurada aquela que acreditou,*
> *porque vai acontecer o que o Senhor lhe prometeu.*
>
> *(Lc 1,45)*

Como casal e como família, vamos, com esta reflexão, contemplar Maria.

Depois da anunciação do anjo, Maria partiu para visitar Isabel. Ao chegar, Isabel a saudou com expressões muito profundas (cf. Lc 1,39-45), entre as quais salientamos uma: "Bem-aventurada aquela que acreditou".

Na anunciação, Maria abandonou-se por completo em Deus, manifestando a "obediência da fé" (Rm 16,26) àquele que lhe falou por intermédio de seu mensageiro e, prestando "a homenagem do entendimento e da vontade, respondeu com todo o seu 'eu' humano".

Diante da anunciação, Maria acreditou que pelo poder do Altíssimo, por obra do Espírito Santo, ela se tornava a mãe do Filho de Deus. Pois bem, o "bem-aventurada aquela que acreditou" aplica-se não apenas a esse momento culminante, mas a todo o seu "caminho para Deus", em todo o seu caminho de fé.

Toda a vida de Maria é um verdadeiro caminho de fé, de abandono e entrega absoluta nas mãos de Deus; isso, no entanto, além do olhar de fé em todos os acontecimentos e da fidelidade ao Senhor, a quem "nada é impossível".

A fidelidade de Maria à sua fé é construída pelo esvaziar-se de seu eu, pelo desprendimento e pobreza, pela contemplação e pela cruz, pela disponibilidade e confiança. Essa fidelidade pressupõe momentos difíceis e dolorosos. Deve tomar sobre si a profecia de Simeão: "Uma espada há de atravessar-lhe a alma" (Lc 2,34-35); não compreende plenamente a resposta do menino no Templo (Lc 2,50) e sofre terrivelmente o martírio da cruz (Jo 19,25).

À luz de Maria, podemos apreender três ensinamentos:

- A felicidade de nossos lares consiste em que todos nós, seus membros, digamos sempre "sim" ao Senhor.
- Precisamos ser fiéis ao Pai, Deus, na alegria e na dor, tal como o expressam os esposos: "na riqueza e na pobreza, na saúde e na doença".
- A fidelidade a Deus apóia-se sobre três pilares fundamentais: pobreza, confiança e disponibilidade.

Somente os pobres de coração podem confiar plenamente no Senhor e estar disponíveis para sua vontade. Dessa maneira, todo lar se transforma em luz do Senhor no mundo.

"Bem-aventurada aquela que acreditou." Ao pé da cruz, "o nó da desobediência de Eva foi desamarrado pela obediência de Maria; o que Eva atou pela incredulidade a virgem Maria desatou pela fé" (santo Irineo). Maria é "a mãe dos viventes". "A morte veio por Eva; por Maria, a vida."

Quantos lares vivem nas trevas! Quantas famílias renovam a desobediência de Eva e quantas são vítimas do pecado dos outros! Nossos lares são chamados a imitar a obediência de Maria; em meio à obscuridade, somos chamados a ser luz. A um mundo acorrentado pelo ódio e pela violência, pelo materialismo e pela sensualidade, pela mentira e pelo vício, pela pressão e pela avareza, pelo desalento e pela falta de rumos definidos no caminhar, temos a missão de levar a libertação em Cristo. Um dia, Maria gerou para o mundo o Cristo libertador; assim, ofereçamos também nós, como Maria e com ela, no testemunho de nossos lares, verdadeiros santuários domésticos, a presença de Cristo, o qual, com sua luz, ilumina a escuridão.

"Bem-aventurada aquela que acreditou." Felizes nossos lares, porque também acreditamos. Exclamemos alegremente com Maria: "Minha alma proclama a grandeza do Senhor" (Lc 1,46).

Para o casal dialogar

1. Que lugar ocupa Maria em nosso lar?
2. Em nossa casa, dizemos sempre "sim" a Deus?
3. Temos confiança em Deus e mantemo-nos disponíveis ao seu plano?

Para orar juntos

Oremos com Maria (Lc 1,46-55):
"Minha alma proclama a grandeza do Senhor,
meu espírito se alegra em Deus,
meu salvador,
porque olhou para a humilhação
de sua serva.
Doravante todas as gerações
me felicitarão,
porque o Todo-Poderoso
realizou grandes obras em meu favor:
seu nome é santo,

e sua misericórdia chega
aos que o temem,
de geração em geração.
Ele realiza proezas com seu braço:
dispersa os soberbos de coração,
derruba do trono os poderosos
e eleva os humildes;
aos famintos enche de bens,
e despede os ricos de mãos vazias.
Socorre Israel, seu servo,
lembrando-se de sua misericórdia,
— conforme prometera aos nossos pais —
em favor de Abraão
e de sua descendência,
para sempre".

Amém.

Nazaré: a família ideal

> [Os pastores] Foram então, às pressas,
> e encontraram Maria e José, e o recém-nascido
> deitado na manjedoura. [...]
> O pai e a mãe estavam maravilhados
> com o que se dizia do menino.
>
> (Lc 2,16.33)

Se olharmos ao nosso redor, veremos que a família passa por uma situação difícil. Isso exige que ela se renove constantemente. Para o bom êxito desse objetivo, é de fundamental importância a apresentação de um modelo de família, pois uma experiência já realizada tem mais valor e força modeladora do que a mera exposição de uma doutrina. "As palavras convencem, os exemplos arrastam." A família de Nazaré é santa e santificadora, é família verdadeira. Nela reinam profundos vínculos de amor e de unidade. É "sagrada", não por ser rara ou de outro planeta, mas pelo cumprimento da vontade do Pai, precisamente em meio às circunstâncias mais normais da vida.

É uma família de amor. José é o homem e chefe da casa, Maria é a mãe e esposa, Jesus é o filho que "crescia em sabedoria, em estatura e graça, diante de Deus e dos homens". Existe, entre eles, uma perfeita comunidade de amor. Um existe para o outro, com o outro, no outro. E os três, cada um em sua realidade e em sua originalidade peculiares, finalizam num único amor: a vontade do Pai.

A Sagrada Família, com sua realidade de comunidade perfeita, é transparência de uma verdade-chave:

o próprio Deus é família. Existem nele três pessoas (Pai, Filho e Espírito Santo), que, em amor eterno e infinito, formam uma comunidade perfeita. "Afirmou-se, de maneira sublime e profunda, que nosso Deus, em seu mistério mais íntimo, não é uma solidão, mas uma família, posto que traz em si mesmo paternidade, filiação e a essência da família, que é o amor" (João Paulo II).

Deus Família o é também quando se comunica com o homem na Aliança. A graça é a realidade que nos transforma em membros da família do Pai. Essa graça, porém, chega a nós por mediações humanas. A família é uma das mais decisivas. "Um homem e uma mulher que se querem, o sorriso de uma criança, a paz de um lar são pregação sem palavras, porém tão assombrosamente persuasiva que qualquer humano pode advertir nela, como transparência, o reflexo do outro amor e seu apelo infinito" (Paulo VI).

Toda a santidade e toda a beleza do amor familiar encontra sua culminância na família de Nazaré. Nela se realiza exemplarmente este pão divino e se nos tornam próximas as dimensões mais profundas do mistério de Deus Família. "Devemos expressar com novo fervor, com nova consciência, nosso culto ao quadro que o Evangelho coloca diante de nossos olhos: José com Maria e Jesus, menino, adolescente, jovem, com eles. É um quadro típico. Nele, pode estar refletida qualquer família. O amor doméstico, o mais completo, o mais formoso segundo a natureza, irradia-se da humilde cena evangélica, expandindo-se imediatamente numa luz nova e deslumbrante: o ser humano adquire esplendor sobrenatural. A cena se transforma: nela domina Cristo; as figuras humanas que estão perto dele encarnam a representação da nova humanidade, a Igreja. Cristo é o esposo, a esposa é a Igreja" (Paulo VI).

Cada uma de nossas famílias pode ser uma verdadeira "sagrada família". Se, no decurso de todos os dias, cumprirmos a vontade do Pai, e se Jesus constituir um membro a mais da família, nosso amor humano será, então, sinal do amor de Deus como família, como ocorreu no lar de Nazaré.

Para o casal dialogar

1. Em nosso cotidiano, preocupamo-nos com o conhecimento da vontade de Deus?
2. Cumprimos a vontade de Deus ou, em nossa casa, realizam-se apenas nossas vontades, caprichos, pareceres?
3. O que precisamos aprimorar e consolidar, para que nossa família seja uma nova família de Nazaré?

Para orar juntos

Senhor Jesus,
habita sempre em nossa casa,
para ajudar-nos a ser uma nova
sagrada família.
Que nós dois sejamos como Maria e José,
que cada um de nossos filhos seja como tu;
que sempre, em nosso lar,
haja fé, esperança,
unidade e paz.

Abençoa-nos, Senhor,
e dá-nos a graça
de ser reflexo fiel do amor de Deus-Família,
cumprindo tua vontade;
além disso, "dá-nos o pão de cada dia".

Amém.

O repouso do Espírito

> ... Jesus partiu, e foi de barca para um lugar deserto e afastado.
>
> (Mt 14,13)

> ... certa mulher, de nome Marta, o recebeu em sua casa.
>
> (Lc 10,38)

> Jesus amava Marta, a irmã dela e Lázaro [...] ficou ainda dois dias no lugar onde estava.
>
> (Jo 11,5-6)

As férias têm um sentido verdadeiramente cristão. Em muitas oportunidades, Jesus procurou um lugar afastado. Além disso, ele tinha uma família amiga em Betânia, onde ia descansar. As férias são uma necessidade vital para o ser humano, já que ele não é somente corpo, mas, também, espírito. Evidentemente, neste mundo de tantas injustiças, em que alguns não têm nem mesmo o que colocar no prato, muitos sequer podem descansar. Milhares e milhares de pessoas não podem desfrutar de alguns dias de descanso, o que não é um luxo, como muitos pensam, e sim algo verdadeiramente necessário para a pessoa e para a família. Mesmo aqueles que se encontram submersos no materialismo mostram-no como um luxo, transformando as férias em "vida consumista": os melhores hotéis, esbanjando seu dinheiro com facilidade etc. Não é desse tipo de férias que iremos tratar.

É importante que cada família busque seu momento de descanso, ainda que o faça sem sair de casa. Deter-se, "respirar a vida", aproveitando cada minuto. Fazer o que nem sempre se faz. Sair para caminhar à tardinha, ou logo ao amanhecer, os dois esposos juntos (ou com os filhos), com o fim de deliciar-se com as coisas do povo, da cidade, que muitas vezes nem conhecem por estar ocupados o dia inteiro. Aproveitar esses momentos para um diálogo frutífero, aproximar-se da igreja para fazer uma visita a Jesus, ou valer-se, talvez, da oportunidade, para participar da missa diária. A chave, tanto para os que ficam como para os que saem: buscar repouso para o espírito.

Muitos dizem: "Finalmente, alguns dias para dormir bem, comer em casa, sem tensões!". É preciso pensar que o repouso do corpo pode ser bem aproveitado para o espírito. Porque é absolutamente certo que, durante o ano, dedicamos pouco tempo aos momentos de silêncio e de reflexão. Aproveitar para uma boa leitura, para um diálogo conjugal ou familiar pausado, sem pressa; para rezar no decorrer do tempo, dialogando com Deus sem fórmulas mecânicas.

As férias podem constituir também a grande oportunidade para desfrutar da natureza. Num sentido geral, o ritmo da vida moderna nos distancia do contato com as coisas naturais. Poucas vezes nos detemos, ao longo do ano, a observar um anoitecer ou um amanhecer. É difícil que a louca correria cotidiana nos permita parar para observar uma longa fila de formiguinhas levando alimento para sua casa.

"Perder o tempo", observando o "milagre de um céu estrelado" ou a "seiva que brota do tronco de uma árvore cortada" é uma maravilhosa escola. Contribui tanto para a nossa paz interior e para o nosso equilíbrio mental que obtemos imediatamente os benéficos resultados. Uma paisagem calma ou o folguedo de alguns animaizinhos, desde que saibamos observá-los, podem nos ensinar os segredos de uma criação que não cessa de nos proporcionar um espetáculo permanente de beleza sem par.

Desperdiçar tais momentos de encontro com a natureza é fechar os olhos a uma das realidades mais fortes de nossa existência. Aproveitá-los é entrar em harmonia com o próprio Deus. É encontrar-nos com as raízes mais profundas do nosso ser. É revitalizar-nos, para encher nosso corpo de uma vida nova, que nos ajuda a ser mais humanos. Não esqueçamos de que Deus nos fala por meio dos livros: a Bíblia e a natureza, já que esta é a criação.

Para o casal dialogar

1. Aproveitamos plenamente a oportunidade das férias?
2. Se ficamos em casa: mudamos a rotina? Procuramos descobrir coisas novas, que estão ao nosso redor? Utilizamos o tempo para crescer espiritualmente?
3. Se temos oportunidade de sair, organizamos as férias como um descanso ou dissipamos o dia em excursões, barulho, correrias, ir e vir, procurar lugares noturnos etc.?
4. Escolhemos lugares tranqüilos, para alcançar os objetivos das férias, ou caímos no ruído e na multidão, buscando a evasão do encontro entre nós e nossa família?

Para orar juntos

Dá-nos, Senhor,
a possibilidade de recrear-nos em família,
gozando das inúmeras maravilhas que nos ofereces,
da magnitude de encontrar
riqueza no silêncio e na reflexão.

Que nunca consideremos as férias
um objetivo para o consumo,
mas um momento
de purificação e crescimento nos valores
que nos enriquecem espiritualmente.

E também, Senhor,
que o tempo de férias
contribua para consolidar
a unidade matrimonial e familiar.

Amém.

O anúncio da Boa Nova sobre o matrimônio e a família

> *Compete aos cristãos anunciar, com alegria e convicção, a Boa Nova sobre a família, que tem absoluta necessidade de escutar sempre, renovadas vezes, e de entender cada vez melhor as palavras autênticas que revelam sua identidade.*
>
> (Familiaris consortio, n. 86)

É possível que, em alguma oportunidade, tenhamos ouvido falar do Movimento Hogares Nuevos (Novos Lares). Perguntamo-nos: Em que consiste? Qual o seu objetivo? Qual é seu segredo? Em linhas gerais, vai aqui uma resposta.

Hogares Nuevos é um movimento cujo principal objetivo é fazer com que a família se "saia bem", vivendo bem, ou seja, num clima de amor, de diálogo entre os cônjuges e destes com seus filhos, mantendo o respeito mútuo... É preciso que se entenda bem: oxalá todas as famílias consigam esses resultados; entretanto, Hogares Nuevos apontam para outro objetivo que, ao concretizar-se, tudo quanto foi anteriormente exposto será obtido por acréscimo. O grande objetivo do movimento é anunciar a Boa Nova acerca do matrimônio e da família. Isso significa anunciar a "este" casal que a Igreja os uniu em matrimônio sem explicar o que estava acontecendo: que, no dia em que se casaram na Igreja, levaram Cristo consigo para casa. E, a partir dessa Boa Nova, adquire sentido o desejo de lutar pela posse do outro por inteiro: um clima de amor, de diálogo, de ajuda mútua, de respeito, de valorização da vida, de compromisso social e eclesial, de ser uma verdadeira Igreja doméstica.

Com Cristo, surge a grande oportunidade de construir seriamente a felicidade. Afirmava alguém: "Uma família feliz é um paraíso antecipado". Uma família será capaz de construir uma felicidade plena e duradoura, desde que o faça tendo Cristo como base.

Não significa que uma família feliz não tenha problemas, mas sim que fundamentalmente saiba viver, e com Cristo. Uma família que constrói a felicidade ajusta permanentemente uma dívida com as novas gerações que ela própria gerou. Definitivamente, uma criança, um jovem, um filho deseja chegar à sua casa e respirar de algum modo esse "paraíso antecipado". E, todavia, a realidade assinala que alguns não encontram em seu lar outra coisa senão uma selva ou, para expressar com termos mais duros, "um inferno".

Oxalá tal não ocorra nunca num "Novo Lar", e nem mesmo em qualquer outro... Um "Novo Lar" tem a responsabilidade de saber que Cristo está em casa, motivo pelo qual a conseqüência deve ser a coerência e, além disso, o dever de anunciar a muitos outros lares essa grande verdade, essa "Boa Nova".

O texto de *Familiaris consortio*, que encabeça este capítulo, salienta claramente que esse anúncio da Boa Nova não se faz de qualquer maneira, mas com alegria e convicção.

A alegria não se improvisa, pois é um dom concreto recebido por aqueles que vivem perto de Cristo e em graça. Afirma-se, por isso, que "um cristão triste é um triste cristão". Se em minha vida não há alegria, felicidade, se em minha família não há alegria, não há necessidade de indagar-me pelos problemas que tenho ou temos, e sim pela minha aproximação de Cristo. Problemas sempre existirão (desemprego, doença, responsabilidades na educação dos filhos, morte de um membro da família, enfim... muitos outros poderiam ser enumerados). Entretanto, um cristão "com Cristo" tem uma visão diversa relativamente a esses obstáculos, possui uma força diferente... Basicamente, existe em seu interior uma alegria e uma paz que nada, nem ninguém, poderá roubar...

O mesmo sucede com a família. Quando alguém chega a compartilhar algo com uma família que esteja "com Cristo", respira em seu clima um ar de alegria e paz, que não é fruto de uma boa notícia qualquer (aumento de salário, uma nota 10 do filho, uma vitória do time favorito, algum progresso econômico), mas da única Boa Nova, que não passa, que é sempre nova, ou seja, que Cristo vive e, mais ainda, "vive em nossa casa".

Que bom seria se todos os filhos do mundo jamais dissessem: "Minha casa é uma selva!". Possam, ao contrário, dizer: "Minha família é feliz! E, porque minha família é feliz, vivo num paraíso antecipado!". Que Deus nos ajude a construir famílias felizes... pedaços de céu em nossa terra, em nossa casa, em nossas comunidades, em nossa Igreja... "Novos Lares trabalha para alcançar essa meta".

Para o casal dialogar

1. Estamos construindo uma família feliz?
2. Perguntar aos filhos, dialogar com eles e, depois, entre vocês:

    a) O que encontram de positivo na família?

    b) O que encontram de negativo em nossa família?

Para orar juntos

Senhor Jesus,
que nunca nos faltem
a alegria e a convicção
de saber que estás entre nós
e, ao mesmo tempo,
para anunciar-te;
para gritar ao mundo que tua presença
muda a nossa vida,
que estamos convencidos de que tua graça
encheu-nos de alegria.

Ajuda-nos a construir nossa família
e a colaborar com muitas outras,
para que a felicidade seja uma realidade.
Que saibamos fazer muitas famílias felizes,
antecipando, desse modo,
o paraíso que nos preparaste.

Amém.

Sumário

Prólogo 5

PRIMEIRA PARTE — NÓS

Eu + Você = Nós 11
Ser um só 15
Conhecer as necessidades do próprio casamento 20
A busca da felicidade 25
No casamento, amar-se muito não é tudo 30
As crises e os conflitos matrimoniais 35
Quando um mais um não são dois 40
Os valores de nosso casamento 45
Devemos melhorar 50

SEGUNDA PARTE — ... AMAMOS UM AO OUTRO...

O amor matrimonial 57
A linguagem do amor 61
Manifestações de amor 65
Os que amam dialogam 70
Comunicação ou incomunicação 75
Partilha dos sentimentos 81
O amor e o dinheiro 85
Quando o amor depende do possuir 90
O amor não é feito de coisas extraordinárias 95
O amor não convive com o poder 99
Ciúmes: os destruidores do amor 103
Um longo caminho de amor 107

TERCEIRA PARTE — ... EM JESUS

Que o casal saiba que com Cristo tudo é possível 113
O coração fértil 117
Casais adormecidos 123
Se você conhecesse o dom de Deus... 127
Família: Igreja doméstica 131
O laicato é a Igreja 136
Vão vocês também 140
A família missionária 144
A família na comunidade 147
Bem-aventurada aquela que acreditou 151
Nazaré: a família ideal 155
O repouso do Espírito 158
O anúncio da Boa Nova sobre o matrimônio e a família 162

Rua Dona Inácia Uchoa, 62
04110-020 – São Paulo – SP (Brasil)
Tel.: (11) 2125-3500
http://www.paulinas.com.br – editora@paulinas.com.br
Telemarketing e SAC: 0800-7010081